经济管理中C++程序设计
习题解析与实验指导

◎ 韩冬梅 张勇 赵龙强 王炳雪 编著

U0360416

清华大学出版社
北京

内 容 简 介

本书是和《经济管理中 C++程序设计》(第 2 版)(清华大学出版社)一书配套使用的参考用书。

本书的内容包括以下两部分。

第一部分,《经济管理中 C++程序设计》(第 2 版)一书各章中的全部思考题、习题的参考解答。这些习题除了可作为学生作业外,也可供教师从中选择一些例题讲授。实际上,这部分是一个例题汇编。

第二部分,由浅入深的 4 个具有财经特色的实验指导。这 4 个实验指导,既可以布置给学生让学生自己完成,也可以让教师在课堂上指导学生完成。总之,可以通过具有财经特色的编程实验,提高学生的综合分析问题和解决问题能力。

本书可作为学习《经济管理中 C++程序设计》(第 2 版)的辅助用书,也可作为其他财经专业初学 C++的读者的参考资料。

图书在版编目(CIP)数据

经济管理中 C++程序设计习题解析与实验指导/韩冬梅等编著.—北京:清华大学出版社,2024.7
ISBN 978-7-302-62550-6

Ⅰ.①经… Ⅱ.①韩… Ⅲ.①C++语言－程序设计－应用－经济管理－高等学校－教学参考资料 Ⅳ.①F2-39

中国国家版本馆 CIP 数据核字(2023)第 022739 号

责任编辑:黄 芝 薛 阳
封面设计:刘 键
责任校对:申晓焕
责任印制:刘 菲

出版发行:清华大学出版社
　　　　网　　　址:https://www.tup.com.cn,https://www.wqxuetang.com
　　　　地　　　址:北京清华大学学研大厦 A 座　　邮　　编:100084
　　　　社 总 机:010-83470000　　　　　　　　邮　　购:010-62786544
　　　　投稿与读者服务:010-62776969,c-service@tup.tsinghua.edu.cn
　　　　质量反馈:010-62772015,zhiliang@tup.tsinghua.edu.cn
　　　　课件下载:https://www.tup.com.cn,010-83470236
印 装 者:艺通印刷(天津)有限公司
经　　销:全国新华书店
开　　本:185mm×260mm　　　印　张:11　　　字　数:254 千字
版　　次:2024 年 8 月第 1 版　　　印　次:2024 年 8 月第 1 次印刷
印　　数:1～1500
定　　价:39.80 元

产品编号:095916-01

前 言

面向经济管理专业计算机程序设计,涉及的专业面宽,人数众多,影响深远,意义重大,它将直接影响我国各领域计算机应用水平。特别是我国经济管理的信息化、自动化、数字化、智能化发展日趋迅速,迫切需要既熟悉本领域业务、又熟悉计算机,并能将信息技术应用于本领域的复合型人才。其中学习计算机程序设计就是学习一门和计算机交流的语言,通过编制计算机程序让计算机完成或帮助完成专业工作,是各种计算机应用的基础工作。

为此,具有多年经济管理专业 C++教学经验的韩冬梅教授教学团队,编了《经济管理中 C++程序设计》(第 2 版)教材。之所以在经济管理专业教授 C++程序设计,一方面是因为 C++语言是时下流行的高级语言(如与 Java 有很多共通之处),另一方面是因为它既能够实现以前的结构化程序设计,方便初学者入门,又能够实现现在流行的面向对象的程序设计。相对于现在流行的其他更高级的计算机语言(如 R 语言、Python 等),学习 C++才能从本质上理解计算机软件的工作原理和工作过程,从本质上理解计算机到底是如何帮助我们做事情的。编制各种商用软件,更是首选 C++语言。

C++程序设计是实践性很强的课程,在教学过程中,很多学生反映课听懂了,但题不会做,不知道如何解决应用问题,以至于失去学习兴趣。究其主要原因是学生在学习过程中过分缺乏实践锻炼的指导和训练,没有把重点放在解决问题的思想与方法上,为此我们原教材的每个主要章节都精心设计了练习题,希望学习者通过大量的编程训练,在实践中真正掌握程序设计语言的知识,并逐步理解和掌握程序设计的思想与方法,培养解决实际问题的能力。

尽管 C++是为了解决大型软件开发工作中的问题而产生的,但是在学习时不可能一开始就接触大程序,甚至编写大程序,而必须从简单的小程序开始,循序渐进,逐步深入。本书每一章的习题都尽力使读者更好地理解该章所叙述的基本概念、基本语法的应用以及有关的算法。只有把这些基础打好了,才能为日后的进一步学习和应用创造良好的条件。考虑到多数读者的学习基础,习题不要求具备较深入的数据结构方面的知识,所涉及的算法是读者所能理解和接受的。

另外,为了帮助同学们理解课程的基本概念、基本知识,特别是加深重点和难点的理解,书中每个主要章节都精心设计了思考题目,帮助学生进一步拓宽知识的视野,增强学习兴趣,以及对 C++语言的数据结构和算法的理解,锻炼思维的逻辑性和灵活性,提升编程思维的能力。

本书的内容包括两部分:

(1)《经济管理中 C++程序设计》(第 2 版)一书各章中的全部思考题、习题的参考解答。这些思考题和习题都是和教材内容紧密结合的,多数读者在学习教材后能够独立完成。由于教材篇幅有限,有些很好的例子无法在教材中列出,我们将其作为教材内容的扩展,在这里进行补充,因而需要读者补充学习一些知识。

通过原教材的学习,大部分思考题和习题读者可以自己完成,建议同学们首先自己完成,在完成中遇到困难时再阅读本书相应解题思路和参考答案。也可以阅读理解解题思路后再阅读其程序代码。教师也可以从中选择一些习题作为例题讲授。为了帮助读者更好地理解程序,对于稍难的习题,书中作了比较详细的说明,或在程序中加了注释。

应当说明的是,本书中提供的只是参考答案,并不一定是唯一正确的答案,甚至不一定是最好的答案,读者完全可以举一反三,编写出更好的程序。

(2)《经济管理中 C++程序设计》(第 2 版)课程实验,该部分内容不是针对原教材的章节编写,而是提供了 4 个典型的综合应用案例,包括宰相的麦子问题、查找上市公司文件数据问题、医药公司药品价格数据管理系统和银行存取款数据管理系统。一般来说,我们遇到的实际问题往往不是一个直接用程序代码描述的问题,为了把实际问题转化成一个计算机能够解决的问题,一般的过程是分析问题、设计方案、拆解细化、书写代码、调试测试和修改完善。这 4 个典型实验以由简至难、逐项推进的方式编排,目的是让学生学习如何把一个实际问题用一个程序来解决,也让大家对程序、软件的开发有一个简单的认识。

本书全部代码都是在 Microsoft Visual C++ 6.0 中调试运行通过,原则上高版本 Microsoft Visual Studio 的 IDE 也可以运行,或稍加调整也可以运行。

最后,感谢清华大学出版社对本书的出版提供的帮助和支持,感谢上海财经大学学校领导、教务处领导多年来对我校该课程的重视和支持。

由于编者水平有限,书中难免有疏漏和不当之处,敬请各位读者及同仁不吝赐教,谢谢!

编　者

2024 年 4 月

目 录

第 2 部分　《经济管理中 C++ 程序设计》(第 2 版)课程实验

第1部分 《经济管理中C++程序设计》(第2版)习题及参考答案

第 **1** 章

C++语言基础

思考题

1. C++语言有哪些特点和优点?

参考答案:

特点:尽量兼容 C 语言;支持面向对象的方法。

优点:语言简洁灵活;运算符和数据结构丰富;具有结构化控制语句;程序执行效率高;同时具备高级语言和汇编语言的优点。

2. 什么是变量? 定义变量后,如何分配内存单元? 与变量的数据类型是什么关系?

参考答案:

变量的本质就是要在内存的某个位置开辟空间,用来保存数据。变量定义就是告诉编译器在何处创建变量的存储,以及如何创建变量的存储。每个变量都有指定的类型,类型决定了变量存储的大小和布局,该大小范围内的值都可以存储在内存中,运算符可应用于变量上。

3. 写出 C++语句声明一个常量 PI,值为 3.1416;再声明一个浮点型变量 a,把 PI 的值赋给 a。

参考答案:

const float PI＝3.1416;

float a ＝ PI;

4. 什么是标识符？如何声明？合法的标识符声明规则是什么？

参考答案：

标识符是用来命名变量、函数、类等程序实体的名称。合法的标识符必须遵循以下规则。

(1) 由字母(大小写)、数字和下画线组成。

(2) 第一个字符必须是字母或下画线。

(3) 标识符不能是 C++的关键字。

(4) C++命名标识符区分大小写。

5. 什么是常量？什么是符号常量？什么是常变量？两者的区别是什么？

参考答案：

常量是在程序执行过程中其值不能被修改的变量。在 C++中,常量可以分为符号常量和常变量两种主要类型。

符号常量是在程序中使用标识符来表示固定的数值或对象,它们的值在程序执行期间是不可更改的。在 C++中,通常使用♯define 预处理指令来定义符号常量。

常变量是在声明时初始化,并且在之后不能修改其值的变量。在 C++中,可以使用const 关键字来声明常变量。

区别：符号常量不占用内存空间,在预编译时就全部由符号常量的值替换了,而常变量占用内存空间,只是此变量在存在期间不能重新赋值。

6. 如何理解运算符的优先级和结合性？如何运用其规则求解表达式？

参考答案：

运算符优先级定义了运算符在表达式中的计算顺序。当表达式中有多个运算符时,具有较高优先级的运算符会先于优先级较低的运算符进行计算。如果运算符具有相同的优先级,则计算顺序取决于运算符的结合性。

7. 程序设计包括几个阶段？每个阶段的主要任务是什么？如何通过软件系统完成？

参考答案：

程序设计过程应当包括分析问题、设计算法、编写程序、运行程序、分析结果、编写程序文档等不同阶段。

(1) 分析问题：对于接受的任务要进行认真的分析,研究所给定的条件,分析最后应达到的目标,找出解决问题的规律,选择解题的方法,完成实际问题。

(2) 设计算法：即设计出解题的方法和具体步骤。

(3) 编写程序：将算法翻译成计算机程序设计语言,对源程序进行编辑、编译和连接。

(4) 运行程序,分析结果：运行可执行程序,得到运行结果。能得到运行结果并不意味着程序正确,要对结果进行分析,看它是否合理。不合理要对程序进行调试,即通过上机发现和排除程序中的故障的过程。

（5）编写程序文档：许多程序是提供给别人使用的，如同正式的产品应当提供产品说明书一样，正式提供给用户使用的程序，必须向用户提供程序说明书。内容应包括程序名称、程序功能、运行环境、程序的装入和启动、需要输入的数据及使用注意事项等。

8. 程序设计中的语法错误和逻辑错误的区别是什么？如何处理和解决错误？

参考答案：

语法错误：语法错误是指程序中违反编程语言规则的错误，即程序无法被编译器正确解析和理解。这些错误通常是由于拼写错误、缺少分号、括号不匹配等基本语法错误引起的。

逻辑错误：逻辑错误是指程序在编译和运行过程中没有报错，但程序的输出结果与预期不符的错误。

处理方法：对于语法错误，编译器通常会提供详细的错误信息，可以根据错误信息直接定位并修复错误。对于逻辑错误，可以通过调试器逐步执行程序并观察变量的值、条件的判断等来定位问题所在，逻辑错误的修复通常需要对程序的算法和逻辑进行重新评估和调整。

9. 已知复利终值的计算公式为 $F=P(1+i)^n$，请写出只含加法、乘法的三年期复利终值表达式。

参考答案：

F＝P * pow(1+i,3)

10. 生产企业出口货物劳务免抵退税的计算公式如下，请设定变量，用算术表达式实现下面的公式：

当期应纳税额＝当期销项税额－（当期进项税额－当期不得免征和抵扣税额）

当期不得免征和抵扣税额＝当期出口货物离岸价×外汇人民币折合率×（出口货物适用税率－出口货物退税率）－当期不得免征和抵扣税额抵减额

当期不得免征和抵扣税额抵减额＝当期免税购进原材料价格×（出口货物征税率－出口货物退税率）

参考答案：

设当期免税购物原材料价格为 mp，出口货物征税率为 tr，出口货物退税率为 rr，当期不得免征和抵扣税额抵减额为 td，当期出口货物离岸价为 ep，外汇人民币折合率为 er，出口货物适用税率为 atr，出口货物退税率为 etr，当期不得免征和抵扣税额为 ted，当期应纳税额为 ctp，当期销项税额为 ot，当期进项税额为 it。用算术表达式实现的公式为：

td＝mp×(tr－rr)

ted＝ep×er×(atr－etr)－td

ctp＝ot－(it－ted)

练习题

1. C++语言中有哪几种数据类型？简述其值域。编程显示你使用的计算机中的各种数据类型的字节数。

参考答案：

布尔型、字符型、整型、短整型、(4字节)长整型、(8字节)长整型、单精度浮点型、双精度浮点型、长双精度浮点型，如表1-1所示。

表 1-1　数据类型及其值域

数 据 类 型	值　　　域
bool	逻辑型，只有 true 和 false
char	$-128\sim127$ 或者 $0\sim255$
int	$-2\,147\,483\,648\sim2\,147\,483\,647$
short int	$-32\,768\sim32\,767$
long int	$-2\,147\,483\,648\sim2\,147\,483\,647$，与 int 表示范围一样
float	精度型占 4 字节(32 位)内存空间，$-3.4\times10^{-38}\sim3.4\times10^{38}$（$\sim7$ 位有效数字）
double	双精度型占 8 字节(64 位)内存空间，$-1.7\times10^{-308}\sim1.7\times10^{308}$（$\sim15$ 位有效数字）
longlong	长整型占 8 字节(64 位)内存空间，$-2^{63}\sim2^{63}-1$
long double	长双精度型 16 字节(128 位)内存空间，可提供 18$\sim$19 位有效数字

Size of int：4 bytes

Size of float：4 bytes

Size of double：8 bytes

Size of char：1 byte

Size of bool：1 byte

编写程序

```
# include < iostream >
using namespace std;
int main()
{
cout << "Size of int: " << sizeof(int) << " bytes" << endl;
cout << "Size of float: " << sizeof(float) << " bytes" << endl;
cout << "Size of double: " << sizeof(double) << " bytes" << endl;
cout << "Size of char: " << sizeof(char) << " byte" << endl;
cout << "Size of bool: " << sizeof(bool) << " byte" << endl;
return 0;
}
```

2. 打印 ASCII 码为 32～127 的字符。

参考答案:

! " # $ % & ' ( ) * + , - . / 0 1 2 3 4 5 6 7 8 9 : ; < = > ? @ A B C D E F G H I J K L M N O P Q R S T U V W X Y Z [\ ] ^ _ ` a b c d e f g h i j k l m n o p q r s t u v w x y z { | } ~

编写程序

```cpp
#include<iostream>
using namespace std;
int main()
{
for(int i = 32; i <= 127; ++i) {
    cout << static_cast<char>(i) << " ";
}
    return 0;
}
```

3. 下列标识符中哪些是合法的?

Program，-page，_lock，test2，3in1，@mail，A_B_C_D

参考答案:

Program，_lock，test2，A_B_C_D

4. 在下面的枚举类型中，BLUE 的值是多少?

enum COLOR{WHITE，BLACK=100，RED，BLUE，GREEN=300};

参考答案:

BLUE 的值是 102。

5. 定义枚举类型 weekday，包括 Sunday 到 Saturday 七个元素，在程序中定义 weekday 类型的变量，对其赋值，定义整型变量，能否对其赋 weekday 类型的值?

参考答案:

能。

编写程序

```cpp
#include<iostream>
using namespace std;
enum Weekday { Sunday, Monday, Tuesday, Wednesday, Thursday, Friday, Saturday };
int main()
{
int i;
Weekend d = Monday;
i = d;
cout << "i = "<< i << endl;
```

```
    return 0;
}
```

6. 写出下列程序的运行结果。

```
# include < iostream >
using namespace std;
int main( )
    {
     char i, j;
       i = 'A';
       j = 'B ';
       cout << i <<", "<< j <<", "<< i + j << endl;
       return 0;
    }
```

参考答案：

A，B，131

7. 写出下列程序的运行结果。

```
# include < iostream >
using namespace std;
int main( )
{
    int i, j;
    int m,n;
    i = 8; j = 10;
    m = ++i + j++;
    n = (++i) + (++j) + m;
    cout << i <<", "<< j << endl;
    cout << m <<", "<< n << endl;
    return 0;
        }
```

参考答案：

10，12

19，41

8. 已知 A 公司 4 月份购买甲产品支付货款 10 000 元，增值税进项税额 1700 元，取得增值税专用发票。销售甲产品含税销售额为 23 400 元。请设计变量，编写一个程序，求出增值税额。

增值税额计算公式如下。

应纳税额＝当期销项税额－当期进项税额

销项税额＝销售额×税率

销售额＝含税销售额÷(1＋税率)

参考答案：

问题分析

销项税额：是指纳税人提供应税服务按照销售额和增值税税率计算的增值税额。

进项税额：是指纳税人购进货物或者接受加工修理修配劳务和应税服务，支付或者负担的增值税税额。

目前销售货物增值税率为17％(2018年5月1日起17％税率变为16％税率)，应纳税额的计算公式为：

应纳税额＝含税销售额/(1＋17％)×17％－进项税额

根据上述公式，销售甲产品的增值税额为23 400/(1＋17％)×17％－1700＝1700元。

编写程序

```
1    # include < iostream >
2    # define TAXRATE 0.17          //符号常量 TAXRATE 表示 17％的增值税税率
3    using namespace std;
4    int main()
5    {
6        float sales = 23400;
7        float taxin = 1700;
8        float tax;
9        tax = sales / (1 + TAXRATE) * TAXRATE - taxin;
10       cout << "销售甲产品含税销售额为:" << sales << "元\n";
11       cout << "增值税进项税额为:" << taxin << "元\n";
12       cout << "所需缴纳的增值税为:";
13       cout << tax << "元\n";
14       return 0;
15   }
```

运行结果：

销售甲产品含税销售额为：23400 元

销售甲产品含税销售额为：1700 元

所需缴纳的增值税为：1700 元

9. 公司固定资产原值为 11 万元，预计残值为 1 万元，使用年限为 4 年。利用年数总和法，编程计算每一年的固定资产折旧额。

年折旧额计算公式如下。

$$年折旧率＝\frac{尚可使用年限}{预计使用年限各年数之和}＝\frac{尚可使用年限}{预计使用年限×(预计使用年限＋1)÷2}×100\%$$

年折旧额＝(固定资产原值－预计残值)×年折旧率

参考答案：

问题分析

每年先利用年折旧率公式计算出年折旧率，再利用年折旧额公式计算出年折旧额，其中预计使用年限为 4 年,尚可使用年限为 4 年、3 年、2 年、1 年依次递减,用循环结构实现。

根据上述公式,第一年的固定资产折旧率分别为 4/(4×(4+1)/2)×100%＝40%,固定资产折旧额为(11-1)×40%＝4 万元;第二年的固定资产折旧率为 3/(4×(4+1)/2)×100%＝30%,固定资产折旧额为(11-1)×30%＝3 万元;第三年的固定资产折旧率为 2/(4×(4+1)/2)×100%＝20%,固定资产折旧额为(11-1)×20%＝2 万元;第四年的固定资产折旧率为 1/(4×(4+1)/2)×100%＝10%,固定资产折旧额为(11-1)×10%＝1 万元。

编写程序

```
1   # include < iostream >
2   using namespace std;
3   int main()
4   {
5       float original = 11;
6       float residual = 1;
7       int years = 4;
8       int i;
9       float rate, depreciation;
10      for (i = 4; i > 0; i -- )
11      {
12          rate = i / (years * (years + 1.0) / 2.0);
13          depreciation = (original - residual) * rate;
14          cout << "第" << years - i + 1 << "年的固定资产折旧额为:" << depreciation
15              << "万元\n";
16      }
17      return 0;
18  }
```

运行结果:

第 1 年的固定资产折旧额为:4 万元
第 2 年的固定资产折旧额为:3 万元
第 3 年的固定资产折旧额为:2 万元
第 4 年的固定资产折旧额为:1 万元

10. 设圆半径 $r=1.5$,圆柱高 $h=3$,编写程序求圆周长、圆面积、球(r 为半径)表面积、球体积、圆柱(底面圆半径为 r)体积。

参考答案:

问题分析

计算圆周长:使用公式 $C=2×\pi×r$ 计算圆周长。

计算圆面积:使用公式 $A=\pi×r^2$ 计算圆面积。

计算球表面积:使用公式 $S=4×\pi×r^2$ 计算球的表面积。

计算球体积:使用公式 $V=(4/3)×\pi×r^3$ 计算球的体积。

计算圆柱体积：使用公式 $V=\pi\times r^2\times h$ 计算圆柱的体积。

根据上述公式，计算得到圆周长＝9.424 77，圆面积＝7.068 58，球表面积＝28.2743，球体积＝14.1372，圆柱体积＝21.2057。

编写程序

```cpp
#include<iostream>
#include<cmath>
using namespace std;
int main()
{
const double pi = 3.14159;
double r = 1.5;
double h = 3.0;
//圆周长
double circle_perimeter = 2 * pi * r;
//圆面积
double circle_area = pi * r * r;
//球表面积
double sphere_surface_area = 4 * pi * r * r;
//球体积
double sphere_volume = 4 * pi * pow(r, 3) / 3;
//圆柱体积
double cylinder_volume = pi * r * r * h;

cout << "圆周长 = " << circle_perimeter << endl;
cout << "圆面积 = " << circle_area << endl;
cout << "球表面积 = " << sphere_surface_area << endl;
cout << "球体积 = " << sphere_volume << endl;
cout << "圆柱体积 = " << cylinder_volume << endl;
return 0;
}
```

第 **2** 章

程序控制结构

思考题

1. C++中有哪些控制结构？请说明它们的应用场合。

参考答案：

主要有顺序、选择、循环这 3 种基本控制结构。

2. C++中有哪些条件分支语句？请写出其语法结构，并对比它们的相同点与不同点。

参考答案：

C++语言中构成条件分支结构的流程控制语句有 if 语句和 switch 语句,其中,if 条件分支主要用于两个分支的选择,而 switch 分支则用于多个分支的选择。

3. C++语言中有哪些循环控制结构？请写出其语法形式,并说明执行流程。

参考答案：

根据循环体和循环条件执行的先后次序,循环结构可以分为如下两类。

当型循环：首先判定循环条件,为真时执行循环体,否则结束循环。

直到型循环：首先执行循环体,再判定循环条件,为真时继续循环；否则结束循环。

在 C++语言中,提供了三种典型的循环结构：while 结构、do-while 结构和 for 结构。

4. 简述 if(x=3)和 if(x==3)这两条语句的差别。

参考答案：

(x=3)是一个赋值表达式,而不是一个条件判断。它会将变量 x 的值设置为 3,然后将这个赋值表达式的结果作为条件。条件判断的结果取决于赋值操作的结果是否为零。如果赋值成功,则条件为真,否则为假。

(x==3)是一个典型的相等比较操作,用来检查变量 x 的值是否等于 3。只有当 x 的值确实等于 3 时,条件判断的结果才为真。

5. 在一个 for 循环中是否可以初始化多个变量? 如何实现?

参考答案:

可以。

```cpp
#include <iostream>
int main() {
    for (int i = 0, j = 10; i < 5; ++i, -- j) {
        std::cout << "i: " << i << ", j: " << j << std::endl;
    }
    return 0;
}
```

6. 已知 x , y 两个变量,编写 if 语句,把较小的值赋给原本较大值的变量。

参考答案:

编写程序

```cpp
#include <iostream>
using namespace std;
int main()
{
int x = 5;
int y = 10;
cout << "初始值:x = " << x << ", y = " << y << endl;
if (x < y) {
    y = x;
} else {
    x = y;
}
cout << "更新后的值:x = " << x << ", y = " << y << endl;
return 0;
}
```

7. 比较 break 语句与 continue 语句的不同用法。

参考答案:

当 break 语句执行时,它会立即终止当前所在的循环,不管循环条件是否已经完成,并跳出循环体,继续执行循环后面的代码。

当 continue 语句执行时,它会立即跳过当前迭代中剩余的循环代码,并继续下一次循环的执行,仍然保持在循环中。

练习题

1. 我国税法规定：个人将购买不足 5 年的住房对外销售的，全额征收营业税；个人将购买超过 5 年（含 5 年）的非普通住房对外销售的，按照其销售收入减去购买房屋的价款后的差额征收营业税；个人将购买超过 5 年（含 5 年）的普通住房对外销售的，免征营业税。请编程实现。

参考答案：

问题分析

从题目描述中可以发现，营业税的计算需要五个变量，分别是房屋类型 type、持有年限 year、购买价格 buyPrice、出售价格 sellPrice 和营业税税率 taxRate，需要定义相应的变量，并接受用户从键盘输入的数值。

具体计算过程，题目描述很详尽，可以参见程序。

编写程序

```
1   # include < iostream >
2   using namespace std;
3   double tax(int type, int year, double buyPrice, double sellPrice, double taxRate)
4   {
5       double taxSum = 0;
6       if(year < 5)
7           taxSum = sellPrice * taxRate;
8       else if(type == 1)
9           taxSum = 0;
10      else
11          taxSum = (sellPrice - buyPrice) * taxRate;
12      if(taxSum < 0)
13          taxSum = 0;
14      return taxSum;
15  }
16  int main()
17  {
18      int type = 0;
19      int year = 0;
20      double buyPrice = 0;
21      double sellPrice = 0;
22      double taxRate = 0.10;          //假设房屋买卖税率是 10%
23      cout <<"请问您的房屋类型是:1 - 代表普通住房,2 - 代表非普通住房\n";
24      cin >> type;
25      cout <<"请问您房屋持有的年限是: \n";
26      cin >> year;
27      cout <<"请问您购买房屋时的价格是: \n";
28      cin >> buyPrice;
29      cout <<"请问您房屋出售的价格是: \n";
30      cin >> sellPrice;
```

```
31          cout <<"您需要缴纳的税费为:"<< tax(type,year,buyPrice,sellPrice,taxRate);
32      return 0;
33  }
```

运行结果:

请问您的房屋类型是:1-代表普通住房,2-代表非普通住房
1↙
请问您房屋持有的年限是:
2↙
请问您购买房屋时的价格是:
1000000↙
请问您房屋出售的价格是:
1200000↙
您需要缴纳的税费为:120000

2. 请编程表达客户的投资偏好,若收入值小于 x,选择储蓄;若收入值大于 x,选择投资股票。

参考答案:

问题分析

投资者的偏好与两个变量相关,分别是某个参考值 x,以及具体的收入值 salary。计算过程需要比较这两个变量的大小,输出客户对应场景的投资偏好。

编写程序

```
1   # include < iostream >
2   using namespace std;
3   int main()
4   {
5       double salary = 0;
6       double x = 10000;
7       cout <<"请问您的收入是:";
8       cin >> salary;
9       if(salary > x)
10      {
11          cout <<"您适合进行股票投资";
12      }
13      else
14          cout <<"您适合进行储蓄投资";
15      return 0;
16  }
```

运行结果:

请问您的收入是:100000↙
您适合进行股票投资

3. 编写程序,实现输入一批正数,输入 0 时结束循环,并且输出最大的正数。

参考答案:

问题分析

题目要求输出最大的正数,因此可以定义变量 x 来存储当前的最大正数;而输入的正数需要从键盘接收,定义 num 来接收该数据。接收后需要判断输入的 num 是否为 0,如果不为 0,则将输入 num 与 x 比较,若 num>x,则将 x 更新为 num 的值,继续循环;否则结束程序,进行输出。

编写程序

```
1   # include < iostream >
2   using namespace std;
3   int main()
4   {
5       int x = 0, num;
6       cout <<"请输入一个正数,输入 0 结束循环 : ";
7       cin >> num;
8       while(num!= 0)
9       {
10          if(num > x)
11              x = num;
12          cout <<"请输入一个正数,输入 0 结束循环 : ";
13          cin >> num;
14      }
15      cout <<"序列中最大元素是:"<< x;
16      return 0;
17  }
```

运行结果:

请输入一个正数,输入 0 结束循环 :2↙
请输入一个正数,输入 0 结束循环 :5↙
请输入一个正数,输入 0 结束循环 :3↙
请输入一个正数,输入 0 结束循环 :0↙
序列中最大元素是:5

4. 利润提成:编写一个程序,根据年利润提成,计算企业发放的年度奖金。利润小于或等于 10 万元的部分,奖金按 10% 提取;利润高于 10 万元,小于或等于 20 万元的部分,奖金按 7.5% 提取;20~40 万元的部分,可提成 5%;40~60 万元的部分,可提成 3%;60~100 万元的部分,可提成 1.5%;超过 100 万元的部分按 1% 提成。输入当月利润,求应发放奖金总数。

参考答案:

问题分析

问题涉及两个变量,分别是奖金 bonus 和年利润 profit,奖金 bonus 的取值根据年利润 profit 所在的区间有不同的计算公式。

编写程序

```cpp
1   # include < iostream >
2   using namespace std;
3   int main()
4   {
5       double profit = 0.0;
6       double bonus = 0.0;
7       cout <<"请输入当月利润: ";
8       cin >> profit;
9       if(profit <= 100000)
10      {
11          bonus = profit * 0.10;
12      }
13      if(profit > 100000 && profit <= 200000)
14      {
15          bonus = (profit - 100000) * 0.075 + 100000 * 0.10;
16      }
17      if(profit > 200000 && profit <= 400000)
18      {
19          bonus = (profit - 200000) * 0.05 + 100000 * 0.075 + 100000 * 0.10;
20      }
21      if(profit > 400000 && profit <= 600000)
22      {
23          bonus = (profit - 400000) * 0.03 + 200000 * 0.05 + 100000 * 0.075 + 100000 * 0.10;
24      }
25      if(profit > 600000 && profit <= 1000000)
26      {
27          bonus = (profit - 600000) * 0.015 + 200000 * 0.03 + 200000 * 0.05 +
28                  100000 * 0.075 + 100000 * 0.10;
29      }
30      if(profit > 1000000)
31      {
32          bonus = (profit - 1000000) * 0.01 + 400000 * 0.015 + 200000 * 0.03 +
33                  200000 * 0.05 + 100000 * 0.075 + 100000 * 0.10;
34      }
35      cout <<"应该发放奖金总数是:"<< bonus;
36      return 0;
37  }
```

运行结果：

请输入当月利润:200000↙
应该发放奖金总数是:17500

5. 编写程序,提示输入百分制的成绩,要求输出成绩等级 A、B、C、D、E。成绩大于或等于 90 输出 A,成绩 80~89 输出 B,成绩 70~79 输出 C,成绩 60~69 输出 D,成绩小于 60 输出 E。使用 switch 语句编写。

参考答案:

问题分析

提示用户输入百分制成绩。根据用户输入的成绩,除以 10(根据成绩的十位数字)将成绩划分到不同的区间,使用 switch 语句进行分支判断并输出对应的成绩等级。

编写程序

```cpp
#include<iostream>
using namespace std;
int main()
{
    int score;
    //提示输入成绩
    cout << "请输入百分制成绩:";
    cin >> score;
    //根据成绩等级输出
    switch(score / 10) {
        case 10:
        case 9:
            std::cout << "成绩等级:A" << std::endl;
            break;
        case 8:
            std::cout << "成绩等级:B" << std::endl;
            break;
        case 7:
            std::cout << "成绩等级:C" << std::endl;
            break;
        case 6:
            cout << "成绩等级:D" << endl;
            break;
        default:
            std::cout << "成绩等级:E" << std::endl;
    }
    return 0;
}
```

6. 编写程序,输出所有的"水仙花数"。"水仙花数"是指一个 3 位数,其各位数字立方和等于该数字本身。例如:$153 = 1^3 + 5^3 + 3^3$,153 就是水仙花数。

参考答案:

问题分析

使用一个循环遍历所有的 3 位数(100~999),对每个数进行立方和的计算,然后判断是否等于原始数。如果等于原始数,则输出该数,即为水仙花数。

编写程序

```cpp
# include < iostream >
using namespace std;
int main()
{
cout << "所有的水仙花数:" << endl;
for (int num = 100; num < 1000; ++num) {
    int digit1 = num / 100;              //百位
    int digit2 = (num / 10) % 10;        //十位
  int digit3 = num % 10;                 //个位
    //计算立方和
    int sum = digit1 * digit1 * digit1 + digit2 * digit2 * digit2 + digit3 * digit3 *
digit3;
    //判断是否为水仙花数
    if (sum == num) {
        cout << num << endl;
    }
}
return 0;
}
```

7. 编写程序, 有一个分数数列 $\dfrac{2}{1}, \dfrac{3}{2}, \dfrac{5}{3}, \dfrac{8}{5}, \dfrac{13}{8}, \dfrac{21}{13}, \cdots$, 求出这个数列前 20 项之和。

参考答案:

问题分析

首先用一个变量 temp 来暂时记录前一项分子, 后一项分子为前一项分子和分母相加之和, 后一项分母为前一项分子, 对每一项进行数值更新, 最后利用 for 循环计算当前项的值并累加到总和中。

编写程序

```cpp
# include < iostream >
using namespace std;
int main()
{
double sum = 0.0;
double numerator = 2.0;                         //分子
double denominator = 1.0;                       //分母
double temp;                                    //临时变量
for (int i = 1; i <= 20; ++i) {
    sum += numerator / denominator;             //计算当前项的值并累加到总和中
    temp = numerator;                           //暂时记录前一项分子
    numerator = numerator + denominator;        //后一项分子为前一项分子和分母相加之和
    denominator = temp;                         //后一项分母为前一项分子
}
cout << "前 20 项之和为:" << sum << endl;
```

```
    return 0;
    }
```

8. 编写程序,使用迭代法求出 $x = \sqrt{a}$ 。求平方根的迭代公式为 $x_{n+1} = \frac{1}{2}\left(x_n + \frac{a}{x_n}\right)$,要求前后两次求出的 x 的差的绝对值小于或等于 10^{-3} 。

参考答案:

问题分析

设定一个初始值,然后根据给定的迭代公式,不断更新这个初始值,直到相邻两次迭代值的差的绝对值小于或等于 10^{-3} 。

编写程序

```
# include < iostream >
using namespace std;
int main( )
{
double a;
cout << "请输人要求平方根的数:";
cin >> a;
double x0 = a / 2.0;              //初始化 x0 为 a 的一半
double x1;                        //用来存储下一次迭代的值
double epsilon = 1e - 3;          //设置精度要求
//迭代求解
while (true) {
    x1 = 0.5 * (x0 + a / x0);     //计算下一个近似值 x1
    //如果满足终止条件,即相邻两次 x 的差的绝对值小于 epsilon,则退出循环
    if (fabs(x1 - x0) <= epsilon)
        break;
    x0 = x1;                      //更新 x0 为当前 x1 的值,以便下一次迭代
}
cout << "平方根的近似值为:" << x1 << endl;
return 0;
}
```

9. 编写程序,输出下列的图形。

```
   *
  ***
 *****
*******
 *****
  ***
   *
```

参考答案：

问题分析

使用嵌套的循环来输出所需的图形。外部循环控制每一行的输出，内部循环分别输出空格和星号，以形成所需的图案。

编写程序

```cpp
#include <iostream>
using namespace std;
int main()
{
int n = 4;                              //图形的高度
//输出上半部分
for (int i = 0; i < n; ++i) {
    //输出空格
    for (int j = 0; j < n - i - 1; ++j) {
        cout << " ";
    }
    //输出星号
    for (int k = 0; k < 2 * i + 1; ++k) {
        cout << " * ";
    }
    cout << endl;
}
//输出下半部分
for (int i = n - 2; i >= 0; --i) {
    //输出空格
    for (int j = 0; j < n - i - 1; ++j) {
        cout << " ";
    }
    //输出星号
    for (int k = 0; k < 2 * i + 1; ++k) {
        cout << " * ";
    }
    cout << endl;
}
return 0;
}
```

10. 编写程序，求斐波那契数列前 40 个数，输出时每行 5 个数。这个数列有如下特点：第 1 个数和第 2 个数为 1,1，从第 3 个数开始，该数是其前面两个数的和。

$$F_1 = 1 (n = 1)$$
$$F_2 = 1 (n = 2)$$
$$F_n = F_{n-1} + F_{n-2} (n \geqslant 3)$$

参考答案:

问题分析

首先,定义并初始化前两个斐波那契数为 1。然后,利用递推关系 $F_n = F_{n-1} + F_{n-2}$,从第三个数开始依次计算每一项。在计算过程中,每计算一项就输出,并确保每行输出 5 个数,直到输出了前 40 个斐波那契数。

编写程序

```cpp
# include < iostream >
using namespace std;
int main()
{
int n = 40;                           //求前40个斐波那契数
long long fib1 = 1, fib2 = 1;          //前两个斐波那契数
long long fib;                        //当前斐波那契数

//输出前两个斐波那契数
cout << fib1 << " " << fib2 << " ";

//输出剩下的斐波那契数
for (int i = 3; i <= n; ++i) {
    fib = fib1 + fib2;
    cout << fib << " ";
    //每行输出5个数
    if (i % 5 == 0)
        cout << endl;
    fib1 = fib2;
    fib2 = fib;
}
return 0;
}
```

11. 编写程序,使用 string 数据类型,从键盘输入一个字符串(可含空格),要求如下。

(1) 输出这个字符串。

(2) 统计这个字符串的个数。

(3) 逆序输出这个字符串。

参考答案:

问题分析

利用 getline() 函数从键盘读取带有空格的输入,然后输出原始字符串,统计字符串的长度,最后用 for 循环逆序遍历每个字符,输出这个字符串。

编写程序

```cpp
# include < iostream >
using namespace std;
```

```
int main()
{
string inputString;

//从键盘输入一个字符串
cout << "请输入一个字符串(可含空格):";
getline(cin, inputString);

//(1) 输出这个字符串
cout << "输入的字符串为:" << inputString << endl;

//(2) 统计这个字符串的个数
int length = inputString.length();
cout << "字符串长度为:" << length << "个字符" << endl;

//(3) 逆序输出这个字符串
cout << "逆序输出字符串为:";
for (int i = length - 1; i >= 0; -- i) {
    cout << inputString[i];
}
cout << endl;
return 0;
}
```

12. 编写程序,求阶乘之和。输入正整数 n,计算 $S=1!+2!+3!+\cdots+n!$ 的末 6 位(不含前导 0)。$n \leqslant 10^6$,$n!$ 表示 n 的阶乘。

示例输入:

10

示例输出:

37913

参考答案:

问题分析

利用循环计算每个数的阶乘,并累加到总和中。在计算每个阶乘时,通过取模操作保留其末 6 位,避免数值溢出。同时考虑,当 n 大于 24 时,$n!$ 的结果会包含至少 6 个 10 的因子(即 2 和 5 的组合),所以 $n!$ 对 1 000 000 取模的结果将为 0。因此,我们只需要计算到 24 的阶乘即可。最后输出总和的末 6 位数作为结果。

编写程序

```
#include<iostream>
using namespace std;
const int MOD = 1000000;
int main()
{
int n;
```

```
cout << "请输入一个正整数 N:";
cin >> n;
int sum = 0;                          //用于存储阶乘之和的末 6 位
int factorial = 1;                    //用于计算阶乘的结果
int num = (n > 24)?24:n;
for (int i = 1; i <= num; ++i) {
    //计算 i 的阶乘,只保留后 6 位
    factorial = (factorial * i ) % MOD;
    sum = (sum + factorial) % MOD;    //累加阶乘结果,只保留后 6 位
}
cout << "阶乘之和的末 6 位(不含前导 0)为:" << sum << endl;
return 0;
}
```

13. 编写程序,求子序列的和。输入两个正整数 n, m ($0 < n < m < 10^6$),输出 $\frac{1}{n^2} + \frac{1}{(n+1)^2} + \cdots + \frac{1}{m^2}$,保留 5 位小数。提示:本题有陷阱。

示例输入:

2 4

示例输出:

0.42361

示例输入:

65536 655360

示例输出:

0.00001

参考答案:

问题分析

对求和进行累加,i 设置为 double 数据类型。但当整数比较大时,譬如大于 47 000 时,直接计算其平方会溢出。因此,此题需要避免计算整数的平方。可以考虑先计算一个整数的倒数,得到一个浮点数,然后再相乘。另外,对于输出的精度问题,需要添加 iomanip 库,使用 setprecision 方法设置精度。

编写程序

```
# include < iostream >
using namespace std;
int main()
{
int n, m;
cout << "请输入两个正整数 n 和 m(0 < n < m < 10^6):";
cin >> n >> m;
double sum = 0.0;                     //存储子序列的和
for (double i = n; i <= m; ++i) {
```

```
    //计算每个数的倒数的平方,并累加到总和中
    double item = 1.0/i;
    sum += item * item;
}
//设置输出格式,保留 5 位小数
cout << fixed << setprecision(5) <<"子序列的和为:" << sum << endl;
return 0;
}
```

第3章

函　数

思考题

1. 什么是函数？如何进行函数定义？函数声明与定义有什么不同？

参考答案：

在 C++ 程序中，函数就是程序的基本模块，即将代码逻辑或算法编成一个个相对独立的代码块，通过组合函数模块的调用实现程序特定的功能。函数的声明与函数的定义形式上十分相似，但是二者有着本质上的不同。声明是不开辟内存的，仅告诉编译器，要声明的部分存在，要预留一点空间。定义则需要开辟内存。

2. 什么是函数的返回类型？通过什么方式传递返回值？

参考答案：

函数的返回类型即函数返回值的类型，应当在定义函数时指定该类型。函数的返回值通过 return 语句返回给主调函数。

3. 形式参数与实际参数分别是什么？阐明二者的区别和联系。

参考答案：

函数的参数分为形参和实参两种。在定义函数时，函数名后面括号中的变量名称为"形式参数"，简称"形参"，在主调函数中调用函数时，函数后面括号中的参数称为"实际参数"，简称"实参"。

形参出现在函数定义中，作用范围是整个函数体，离开该函数则不能使用。实参出现在主调函数中，进入被调函数后，实参变量也不起作用。形参和实参的功能是用来进行数据传输。发生函数调用时,主调函数把实参的值传送给被调函数的形参,从而实现主调函数向被调函数的数据传输。

4. 如何调用一个已经定义的函数?参数是如何传递的?

参考答案:

根据函数调用在程序中出现的位置,函数调用方式可以分为以下三种。

函数表达式:函数作为表达式中的一项出现在表达式中,以函数返回值参与表达式的运算。这种方式要求函数是有返回值的。

函数语句:函数调用的一般形式加上分号即构成函数语句。

函数实参:函数作为另一个函数调用的实际参数出现。这种情况是把该函数的返回值作为实参进行传送,因此要求该函数必须是有返回值的。

5. 局部变量和全局变量有什么区别和联系?

参考答案:

局部变量也称为内部变量。局部变量是在函数内做定义说明的,其作用域仅限于函数内,离开该函数后不能再使用这种变量。

全局变量也称为外部变量,它是在函数外部定义的变量。它不属于哪一个函数,而是属于整个源程序文件,其有效范围为从定义变量的位置开始到本源文件结束。全局变量提供了函数间数据联系的渠道。

6. 比较值调用和引用调用的相同点与不同点。

参考答案:

相同点:都是用来向函数传递参数的方法,都可以用来传递基本数据类型和自定义数据类型(如结构体、类)。

不同点:值调用传递的是参数的副本,而引用调用传递的是参数的引用(地址)。在值调用中,对参数的任何修改都不会影响到原始数据,而在引用调用中,对参数的修改会影响到原始数据。值调用会产生参数的副本,可能会增加内存消耗和执行时间,而引用调用则不会产生额外的副本,效率更高。对于指针参数,引用调用可以避免空指针的问题,而值调用无法做到。

7. 函数原型中的参数名与函数定义中的参数名以及函数调用中的参数名是否必须一致。

参考答案:

不必一致。

8. 简述什么是嵌套调用和递归调用。

参考答案:

嵌套调用是指在一个函数内部调用另一个函数,也可以是在被调用的函数内部再调用其他函数,形成多层次的调用关系。嵌套调用可以用来组织和重用代码,使程序结构更清晰、更模块化。

递归调用是指在函数内部直接或间接地调用自身的过程。递归调用通常包含一个递归出口(基本情况),用于终止递归调用,以避免无限循环。递归调用常用于解决可以被分解为相同问题的子问题,或者涉及树结构、分支结构等自相似性质的问题。递归调用是一种简洁而优雅的编程技术,但需要谨慎设计,避免栈溢出和效率低下的问题。

练习题

1. 计算函数 $F(x,y,z)=(x+z)/(y-z)+(y+2\times z)/(x-2\times z)$ 的值,要求将 F 函数实现为子函数,由主函数向子函数传参调用。

参考答案:

问题分析

函数 $F(x,y,z)$ 需要按照子函数语法要求定义,而计算涉及三个变量 x、y、z,需要从键盘接收,而计算过程有除法操作,需要进行除数不为 0 的判断,可以定义子函数 isValid 来判断除数是否正当。当输入合理时,输出相应结果;否则,给出提示。

编写程序

```
1   # include < iostream >
2   using namespace std;
3   int F(int x, int y, int z)
4   {
5       int result = (x + z)/(y - z) + (y + 2 * z)/(x - 2 * z);
6       return result;
7   }
8   bool isValid(int x, int y, int z)
9   {
10      if(y - z == 0)
11          return false;
12      if(x - 2 * z == 0)
13          return false;
14      return true;
15  }
16  int main()
17  {
18      int x = 0;
19      int y = 0;
20      int z = 0;
21      cout <<"请分别输入参数 x y z,以空格隔开: ";
22      cin >> x >> y >> z;
23      if(isValid(x,y,z))
24          cout <<"经 F 函数计算后,结果为:"<< F(x,y,z);
25      else
26          cout <<"您的输入参数将使得除数为 0,无法计算";
```

```
27      return 0;
28  }
```

运行结果：

请分别输入参数 x y z,以空格隔开:1 2 3↙
经 F 函数计算后,结果为： − 5

2. 要求用户输入一个年月日,判断用户输入的日期是否合法。请定义子函数实现合法性验证。

参考答案：

问题分析

日期的合法性运算过程涉及三个变量,分别是年(year)、月(mon)、日(day)。按照要求定义子函数 isLegal 进行判断,首先需要保证年、月、日处于合理的区间,接下来需要对具体月份进行分析,有 31 天的月份和 30 天的月份需要分类别分析,而二月份的判断需要结合闰年与否进行。

编写程序

```
1   # include < iostream >
2   using namespace std;
3   bool isLeapYear( int year)
4   {
5       if((( year % 4 == 0) && ( year % 100 != 0)) || ( year % 400 == 0))
6           return true;
7       return false;
8   }
9
10  bool isLegal( int year, int mon, int day)
11  {
12
13      if( year < 0 || mon <= 0 || mon > 12 || day <= 0 || day > 31)
14          return false;
15      if(1 == mon || 3 == mon || 5 == mon || 7 == mon ||
16              8 == mon || 10 == mon || 12 == mon)
17      {
18          return true;
19      }
20      if( isLeapYear( year))
21      {
22          if(2 == mon && (28 == day || 30 == day || 31 == day))
23              return false;
24          return true;
25      }
26      else
27      {
28          if(2 == mon && (29 == day || 30 == day || 31 == day))
29              return false;
```

```
30          return true;
31      }
32 }
33 int main()
34 {
35      int year = 0;
36      int mon = 0;
37      int day = 0;
38      cout <<"请分别输入年月日,以空格隔开:\n ";
39      cin >> year >> mon >> day;
40      if(isLegal(year, mon, day))
41          cout <<"合法";
42      else
43          cout <<"不合法";
44      return 0;
45 }
```

运行结果:

请分别输入年月日,以空格隔开:
1992 10 32↙
不合法

3. 银行要受理客户的贷款请求,请设计程序要求根据客户的贷款额度、期限和利率,计算并输出客户最终需要的还款总额。

参考答案:
问题分析

客户还款总额 totalPay 的计算与三个变量有关,分别是贷款额度 loanSum、期限 year 和利率 annualRate。运算过程需要用到幂函数操作,可以从 math.h 文件中引用,而不需要自己实现。

编写程序

```
1   # include < iostream >
2   # include < math. h >
3   using namespace std;
4   int main()
5   {
6       int year = 0;              //贷款年数
7       double annualRate = 0;     //年利率
8       double loanSum = 0;        //贷款总额
9       double totalPay = 0;       //总支付额
10      cout << "请输入年贷款利率:";
11      cin >> annualRate;
12      cout << "请输入贷款年限:";
13      cin >> year;
```

```
14        cout << "请输入贷款总额:";
15        cin >> loanSum;
16        totalPay = loanSum * pow(1 + annualRate, year);
17        cout << "一共需要还款:" << totalPay << endl;
18        return 0;
19   }
```

运行结果:

请输入年贷款利率: 0.10↙
请输入贷款年限: 2↙
请输入贷款总额: 10000↙
一共需要还款: 12100

4. 我国的个人所得税按照累进税计算,要求用户输入其收入,输出其应缴纳的个人所得税。

扣税基数: 3500 元,计算公式:个人所得税额 = 每月应纳税额×税率—速算扣除数

全月应纳税所得额(已减扣税基数)	税率(%)	速算扣除数
小于或等于 0 元	0	0
不超过 1500 元	3	0
超过 1500 元至 4500 元的部分	10	105
超过 4500 元至 9000 元的部分	20	555
超过 9000 元至 35 000 元的部分	25	1005
超过 35 000 元至 55 000 元的部分	30	2755
超过 55 000 元至 80 000 元的部分	35	5505
超过 80 000 元的部分	45	13 505

参考答案:

问题分析

个人所得税 tax 的计算与个人的月收入 salary、缴费基数和税率相关。当收入低于缴费基数时,不需要缴纳;当收入高于缴费基数时,需要具体判断收入位于哪个缴费区间,采取累进方式进行计算。

编写程序

```cpp
#include <iostream>
using namespace std;
int main( )
{
    double salary, tax = 0;
    double value;
    cout << "请输入您本月的收入:";
    cin >> salary;
    value = salary - 3500;
    if(value <= 0.0)
```

```
        tax = 0.0;
    else
    {
        if(value < = 1500)
            tax = value * 0.03 - 0.0;
        else if(value < = 4500)
            tax = value * 0.10 - 105.0;
        else if(value < = 9000)
            tax = value * 0.20 - 555.0;
        else if(value < = 35000)
            tax = value * 0.25 - 1005.0;
        else if(value < = 55000)
            tax = value * 0.30 - 2755.0;
        else if(value < = 80000)
            tax = value * 0.35 - 5505.0;
        else
            tax = value * 0.45 - 13505.0;
    }
    cout <<"您本月应缴个人所得税"<< tax <<"元";
    return 0;
}
```

5. 编写函数计算三角形的面积，公式如下。

$$s = \frac{1}{2}(a + b + c)$$

$$area = \sqrt{s(s-a)(s-b)(s-c)}$$

三角形的三边 a、b、c 的值由主函数输入。

参考答案：

问题分析

定义 calculateTriangleArea 函数接收三角形的三边长作为参数，根据题目给出的公式计算并返回三角形的面积。在主函数中，用户输入三角形的三边长，并调用函数计算并输出面积。

编写程序

```cpp
# include < iostream >
# include < cmath >
using namespace std;

//计算三角形面积的函数
double calculateTriangleArea(double a, double b, double c) {
    //计算半周长
    double s = (a + b + c) / 2.0;
    //计算面积
    double area = sqrt(s * (s - a) * (s - b) * (s - c));
    return area;
```

```
    }

int main() {
    double a, b, c;
    //输入三角形的三边长
    cout << "请输入三角形的三条边长(a、b、c):";
    cin >> a >> b >> c;
    //调用函数计算面积
    double area = calculateTriangleArea(a, b, c);
    //输出结果
    cout << "三角形的面积为:" << area << endl;
    return 0;
}
```

6. 编写函数,使用递归法求 $f(x) = \sum_{i=0}^{n} i^2$, n 的值由主函数输入。

参考答案:

问题分析

利用递归的方式,不断将问题分解为更小的子问题。首先确定递归出口,当 n 等于 0 时,平方和为 0。然后,在递归的过程中,每次计算前 n−1 项的平方和,并加上 n^2,直到递归到 n 等于 0 时返回结果。这样,就能够逐步累加得到 f(x) 的值。

编写程序

```
#include <iostream>
using namespace std;

//递归函数,计算 f(x)
int sumOfSquares(int n) {
    if (n == 0)
        return 0;
    //递归调用,计算前 n-1 项的平方和,然后加上 n^2
    return sumOfSquares(n - 1) + n * n;
}

int main() {
    int n;
    cout << "请输入一个正整数 n:";
    cin >> n;
    //调用递归函数计算 f(x)
    int result = sumOfSquares(n);
    cout << "f(" << n << ") = " << result << endl;
    return 0;
}
```

7. 编写函数:统计字符串中字母的个数、数字的个数、空格的个数、其他字符的个数。主函数中从键盘输入一行字符,并输出统计结果。

参考答案：

问题分析

遍历输入的字符串，逐个检查每个字符的类型，并统计不同类型字符的个数。首先，初始化各个计数器为 0。然后，遍历字符串的每个字符，使用 isalpha()、isdigit() 和 isspace() 函数判断字符的类型，分别对字母、数字和空格进行计数。最后，对于不属于以上三种类型的字符，视为其他字符并进行计数。最终，将各个类型字符的计数结果输出。

编写程序

```cpp
#include <iostream>
#include <cctype>
using namespace std;
//函数：统计字符串中字母、数字、空格和其他字符的个数
void countCharacters(const string& str, int& letters, int& digits, int& spaces, int& others) {
    letters = 0;
    digits = 0;
    spaces = 0;
    others = 0;
    for (char ch : str) {                    //遍历字符串的每个字符
        //使用cctype头文件中的函数判断字符的类型
        if (isalpha(ch)) {
            letters++;
        } else if (isdigit(ch)) {
            digits++;
        } else if (isspace(ch)) {
            spaces++;
        } else {
            others++;
        }
    }
}
int main() {
    string input;
    cout << "请输入一行字符:";
    getline(cin, input);
    int letterCount, digitCount, spaceCount, otherCount;
    //调用函数统计字符个数
    countCharacters(input, letterCount, digitCount, spaceCount, otherCount);
    cout << "字母个数:" << letterCount << endl;
    cout << "数字个数:" << digitCount << endl;
    cout << "空格个数:" << spaceCount << endl;
    cout << "其他字符个数:" << otherCount << endl;
    return 0;
}
```

8. 所谓"回文"是一种特殊的数或文字短语。它无论顺着读还是倒着读,结果都一样。例如,以下几个 6 位整数都是回文数:222222,522225,352235,662266。以下 5 位整数都是回文数:12321、77777、89998 和 44744。编写函数,输入一个 6 位或 7 位整数,判断它是否是回文数。如果是回文数,输出"Yes";如果不是回文数,输出"No"。整数输入和输出是否为回文数,在主函数中完成。

例如:

请输入一个 6 位或 7 位整数: 349943

Yes

请输入一个 6 位或 7 位整数: 3499432

No

参考答案:

问题分析

将输入的整数转换为字符串,并从字符串的两端开始逐个比较字符是否相等,直到中间位置。如果每对对应位置的字符都相等,则整数是回文数,否则不是。

编写程序

```cpp
#include <iostream>
#include <string>

using namespace std;

//函数:判断一个整数是否为回文数
bool isPalindrome(int num) {
    string strNum = to_string(num);       //将整数转换为字符串
    int n = strNum.length();
    for (int i = 0; i < n / 2; ++i) {
        if (strNum[i] != strNum[n - i - 1]) {
            return false;                  //如果对应位置的字符不相等,返回 false
        }
    }
    return true;                           //如果全部对应位置的字符都相等,返回 true
}

int main() {
    int num;
    cout << "请输入一个 6 位或 7 位整数:";
    cin >> num;
    if (num >= 100000 && num <= 999999) {         //判断是否为 6 位数
        if (isPalindrome(num)) {
            cout << "Yes" << endl;
        } else {
            cout << "No" << endl;
        }
    } else if (num >= 1000000 && num <= 9999999) {   //判断是否为 7 位数
```

```
        if (isPalindrome(num)) {
            cout << "Yes" << endl;
        } else {
            cout << "No" << endl;
        }
    } else {
        cout << "输入的整数不是 6 位或 7 位整数!" << endl;
    }
    return 0;
}
```

9. 在主函数输入二维平面上的 3 个点(x1,y1),(x2,y2)和(x3,y3),编写函数判断是否存在以这 3 个点为顶点的三角形(假定所有坐标值均为整数,且各坐标值的绝对值小于 215),将判断结果返回到主函数中输出。

参考答案:

问题分析

若三点共线,则不存在以这三点为顶点的三角形。可以从两个点连线的斜率来判断。注意:由于浮点数存在误差,因此尽量避免使用浮点数。以下程序通过求每条边的长度,用两边之和大于第三边来判断,看起来逻辑上没有问题,但实际上有错误。该程序的问题是,它不总是正确,有时会出现错误。由于错误只是偶尔出现,因此捕获错误比较困难。修改编程思路:因为输入为整数,因此尽量避免出现浮点数运算。可以考虑使用斜率相等作为测试条件,然后将条件变换为仅仅包含乘法。即,$(y2-y1)/(x2-x1)==(y3-y1)/(x3-x1)$ 转换为 $(y2-y1)(x3-x1)==(y3-y1)(x2-x1)$。

编写程序

```cpp
#include <iostream>
#include <cmath>
using namespace std;

//函数:判断三个点是否能构成三角形
bool isTriangle(int x1, int y1, int x2, int y2, int x3, int y3) {
    return ( (y2 - y1) * (x3 - x1) != (y3 - y1) * (x2 - x1) );
}

int main() {
    int x1, y1, x2, y2, x3, y3;
    //输入三个点的坐标
    cout << "请输入第一个点的坐标 (x1, y1):";
    cin >> x1 >> y1;
    cout << "请输入第二个点的坐标 (x2, y2):";
    cin >> x2 >> y2;
    cout << "请输入第三个点的坐标 (x3, y3):";
    cin >> x3 >> y3;
    //调用函数判断是否能构成三角形
```

```
    if (isTriangle(x1, y1, x2, y2, x3, y3)) {
        cout << "可以构成三角形." << endl;
    } else {
        cout << "不能构成三角形." << endl;
    }
    return 0;
}
```

第 **4** 章

数　　组

思考题

1. 执行下列语句,回答问题。

string　a＝"abcd";

char　b[3]＝{'e', 'f', 'g'};

(1) a 是不是数组?

(2) 执行 a[0]－＝32;语句后的结果是什么?

(3) 运行 a[1]＝66;a[2]＝0;cout ≪ a ≪ endl;后输出结果是什么?

(4) 运行 cout ≪ b ≪ endl;语句后屏幕显示的结果是否是 efg?

(5) 若输出 b 中全部字符 efg,写出相应的执行语句。

参考答案:

(1) a 不是数组名。

说明:在 C++中,string　a＝"abcd";语句用于定义一个字符型变量名为 a 的变量,初始化数值为字符串字符 abcd。

参考答案:

(2) 'A'

说明:执行语句 string　a＝"abcd";再执行语句 a[0]－＝32;表示 string 变量 a 虽然不是数组,但是在 C++中 string 字符串型变量 a 可以作为一维数组来使用,即通过数组下标来读写字符串变量中的各个字符。a[0]－＝32;语句等价于 a[0]＝a[0]－32;a[0]

表示字符串中的第 1 个字符的值是小写字母 a,而小写字母 a 的 ASCII 码为 97,执行语句 a[0]=a[0]−32;即 a[0]=97−32=65 后 a[0]= 'A',a[0]的值变成了大写字母 A。此字符串的数据为"Abcd"。

参考答案:

(3) aB

说明:执行语句 a[1]=66;后 a[1]的值不是数字 66,是大写字母 B。执行语句 a[2]=0; a[2]='\0'表示字符串的结束。执行语句 cout << a << endl;后计算机先输出 a[0]和 a[1] 的数据,碰到 a[2]中存有\0 表示字符串结束,计算机停止了输出。所以输出结果是小写字母 a 和大写字母 B。

源程序

```
1   # include < iostream >
2   # include < string >        //使用 string 字符型变量要加载< string >库文件
3   using namespace std;
4   int main()
5   {
6       string a = "abcd";
7       a[1] = 66; a[2] = 0; cout << a << endl;
8       return 0;
9   }
```

参考答案:

(4) 屏幕显示的结果是:"efg爨"不是"efg"三个字符。

说明:执行语句 char b[3]={ 'e', 'f', 'g'};表示 b 是字符数组名占 3B,因为字符数组 b 中没有'\0',所以字符数组 b 不是字符串。执行语句 cout << b << endl;表示从字符数组 b[0]的地址所对应的字符开始输出,即先输出 b[0]、b[1]、b[2]中的 efg 三个字符,但是字符数组 b 中没有'\0'这个字符串结束标志,所以计算机继续输出其他不可知的字符直到遇到第一个'\0'才停止。输出结果中前三个字符是 efg,其后的是不可控的字符及乱码。

参考答案:

(5) 正确输出 b 中全部字符 efg,源程序如下。

源程序

```
1   # include < iostream >
2   using namespace std;
3   int main()
4   {
5       char b[3] = { 'e', 'f', 'g' };
6       for (int i = 0; i <= 2; i++)
7           cout << b[i];
```

```
8      cout << endl;
9      return 0;
10  }
```

说明：

因为 b 是字符数组，其中存放没有 '\0'，所以它不是字符串，不能采用直接输出数组名的特殊方法来输出全部字符。在 C++中，一般使用循环语句来正确输出字符数组（非字符串）中的全部字符。对于 int、double、string 型等数组采用循环语句输出数组的全部数据，不能采用直接输出数组名的特殊方法来输出全部字符。

char 字符数组为字符串时才能通过直接输出数组名或字符数组元素地址来输出整个字符串或部分字符串字符。

例如：

```
char a[20] = "C++ Program.";
cout << a << endl;
cout << &a[1]<< endl;
```

运行结果：

```
C++  Program.
++  Program.
```

2. 执行程序写出运行结果。

源程序

```
1    # include < iostream >
2    using namespace std;
3    int main()
4    {
5        char s1[] = { 'a', 'b', 'c', '\0' };
6        double s2[5] = { 1, 2, 3 };
7        double sum = 0;
8        cout << &s1[1] << endl;
9        cout << s1[1] << endl;
10       cout << &s2[1] << endl;
11       cout << s2[1] << endl;
12       for (int i = 0; i <= 2; i++) sum = sum + s1[i] + s2[i];
13       cout << "sum = " << sum << endl;
14       return 0;
15  }
```

参考答案：

运行结果

```
bc
b
```

0019FF1C

2

sum = 300

练习题

1. 用数组来处理求 Fibonacci 数列问题,输出 Fibonacci 序列前 40 个数据,每行输出 5 个数据。

1	1	2	3	5
8	13	21	34	55
89	144	233	377	610
987	1597	2584	4181	6765
10946	17711	28657	46368	75025
121393	196418	317811	514229	832040
1346269	2178309	3524578	5702887	9227465
14930352	24157817	39088169	63245986	102334155

参考答案:

编写程序

```
1   # include < iostream >
2   using namespace std;
3   # include < iomanip >
4   int main()
5   {
6       int i = 1;
7       long f1 = 1, f2 = 1, f3;
8       cout << setw(12) << f1 << setw(12) << f2;
9       for (i = 3; i <= 40; i++)
10      {
11          f3 = f1 + f2;
12          cout << setw(12) << f3;
13          if (i % 5 == 0) cout << endl;
14          f1 = f2;
15          f2 = f3;
16      }
17      return 0;
18  }
```

运行结果:

1	1	2	3	5
8	13	21	34	55
89	144	233	377	610
987	1597	2584	4181	6765
10946	17711	28657	46368	75025
121393	196418	317811	514229	832040
1346269	2178309	3524578	5702887	9227465
14930352	24157817	39088169	63245986	102334155

2. 输入 10 个不相等的整数,若输入时有重复,程序提示信息"重复,请重新输入!"直至输入的数不重复,输出这 10 个不重复的数。

参考答案:

编写程序

```cpp
1   # include < iostream >
2   # include < iomanip >
3   using namespace std;
4   int main()
5   {
6       int i = 1, j;
7       int a[10], x;
8       for (i = 0; i <= 9; i++)
9       {
10          while (1)
11          {
12              cout << "输入第" << i + 1 << "个数:";
13              cin >> x;
14              if (i == 0) { a[i] = x; break; }
15              else
16              {
17                  for (j = 0; j <= i - 1; j++)
18                  if (x == a[j]) break;
19                  if (j == i) { a[i] = x; break; }
20                  else
21                  {
22                      cout << "重复,请重新输入!" << endl;
23                  }
24              }
25          }
26      }
27      cout << "输出 10 个数:" << endl;
28      for (i = 0; i <= 9; i++)cout << setw(7) << a[i];
29      cout << endl;
30      return 0;
31  }
```

运行结果：

输入第 1 个数：100
输入第 2 个数：99
输入第 3 个数：88
输入第 4 个数：77
输入第 5 个数：77
重复，请重新输入！
输入第 5 个数：66
输入第 6 个数：5
输入第 7 个数：5
重复，请重新输入！
输入第 7 个数：5
重复，请重新输入！
输入第 7 个数：4
输入第 8 个数：3
输入第 9 个数：2
输入第 10 个数：11
输出 10 个数：
100   99   88   77   66   5   4   3   2   11

3. 有一个二维数组，一维存放职工姓名，一维存放职工薪金，对职工薪金按从小到大排列，职工姓名随之调整次序。

（1）输入某个职工的姓名和薪金，按原来的排序规律加入到此数组中。

（2）输入某个职工的姓名，将数组中所有同名的职工姓名和薪金数值删除。

参考答案：

编写程序

```
1    # include < iostream >
2    # include < string >
3    using namespace std;
4    int main()
5    {
6        string a[100][100] = { { "刘小强", "6500" }, { "张丽", "7600" },
7        { "王芳芳", "7800" }, { "邓刚", "8800" } }, name1, salary1;
8        int n, i, j, flag = 1;
9        n = 4;
10       for (i = 0; i <= n - 1; i++)
11           cout << "第" << i + 1 << "位:" << a[i][0] << "," << a[i][1] << endl;
12       cout << "输入职工的姓名和薪金:";
13       cin >> name1 >> salary1;
14       for (i = 0; i <= n - 1; i++)
15       if (salary1 <= a[i][1])
16       {
17           for (j = n - 1; j >= i; j--) { a[j + 1][0] = a[j][0]; a[j + 1][1] = a[j][1]; }
18           a[i][0] = name1; a[i][1] = salary1;
```

```
19          n++;
20          flag = 0;
21          break;
22      }
23      if (flag){ a[i][0] = name1; a[i][1] = salary1; n++; }
24      cout << "添加一个职工记录后的数据:" << endl;
25      for (i = 0; i <= n - 1; i++)
26          cout << "第" << i + 1 << "位:" << a[i][0] << "," << a[i][1] << endl;
27      flag = 1;
28      cout << "输入要删除职工的姓名:";
29      cin >> name1;
30      for (i = 0; i <= n - 1; i++)
31          if (name1 == a[i][0])
32          {
33              for (j = i; j <= n - 2; j++) { a[j][0] = a[j + 1][0]; a[j][1] = a[j + 1][1]; }
34              flag = 0;
35              n-- ;
36              i-- ;
37          }
38      if (flag){ cout << "此职工不存在!" << endl; }
39      else {
40          cout << "删除职工记录后的数据:" << endl;
41          for (i = 0; i <= n - 1; i++)
42              cout << "第" << i + 1 << "位:" << a[i][0] << "," << a[i][1] << endl;
43      }
44
45      return 0;
46  }
```

运行结果：

第 1 位:刘小强,6500
第 2 位:张丽,7600
第 3 位:王芳芳,7800
第 4 位:邓刚,8800
输入职工的姓名和薪金:张丽 5000
添加一个职工记录后的数据:
第 1 位:张丽,5000
第 2 位:刘小强,6500
第 3 位:张丽,7600
第 4 位:王芳芳,7800
第 5 位:邓刚,8800
输入要删除职工的姓名:张丽
删除职工记录后的数据:
第 1 位:刘小强,6500
第 2 位:王芳芳,7800
第 3 位:邓刚,8800

再次运行程序:

第1位:刘小强,6500
第2位:张丽,7600
第3位:王芳芳,7800
第4位:邓刚,8800
输入职工的姓名和薪金:张丽 28000
添加一个职工记录后的数据:
第1位:张丽,28000
第2位:刘小强,6500
第3位:张丽,7600
第4位:王芳芳,7800
第5位:邓刚,8800
输入要删除职工的姓名:张小丽
此职工不存在!

注意:再次运行时输入的数据是"张丽　28000",她排在了第1位,为什么"28000"数值最大但排序结果中没有排在最后一个呢?因为本例中的二维数组是字符串类型,不是数字型数据。字符串型的字符比较是按每个字符的 ASCII 码值从左到右逐个比较的,一旦比较出大小则停止比较运算。"28000"小于"6500"的原理是"28000"的首字符为"2","6500"的首字符为"6",字符"2"的 ASCII 值小于字符"6"的 ASCII 码,所以"28000"小于"6500"。数值型(整型或浮点型)数据排序是按其数值大小排序的,若薪金是 int 或 double 等数值型则新增加的张丽薪金为 28000 最大,就排在最后了。

本例二维数组定义成 string 字符串型,则姓名和薪金只能是 string 字符串型,因为同一个数组中所有维必须是相同的数据类型。在实际应用中,如果要实现姓名是 string 字符串型而薪金是 double 双精度型的数据处理,可以使用定义两个不同数据类型的一维数组来解决。姓名定义为 string 字符串型的一维数组,例如 string name[100];;薪金定义为 double 双精度型的一维数组,例如 double　salary[100];;或者使用第 5 章介绍的结构体类型的数组来解决这个问题。

4. 有 15 个数按从大到小的顺序存放在一个数组中,输入一个数,要求用二分法查找该数是数组中的第几个元素。如果没有找到该数,则打印"无此数"。
参考答案:
编写程序

```
1   # include < iostream >
2   using namespace std;
3   # include < iomanip >
4   int main()
5   {
6       int a[15] = { 101, 99, 88, 77, 66, 55, 44, 9, 8, 7, 6, 4, 3, 2, 1 };
7       int i, j, left = 0, mid, right = 14, x, flag = 0, n = 0, temp;
8       for (i = 0; i <= 14; i++) cout << setw(5) << a[i];
9       cout << endl;
```

```
10        cout << "请输入查找的数:";
11        cin >> x;
12        while (!flag && n <= 15)
13        {
14            n++;
15            mid = (left + right) / 2;
16            if (x > a[mid]) right = mid - 1;
17            else left = mid + 1;
18            if (x == a[mid]) { flag = 1; cout << "查找的数是第" << mid + 1 << "个"
19     << a[mid] << endl; }
20            if (n > 15) cout << "没找到" << endl;
21        }
22        return 0;
23 }
```

运行结果:

```
101  99  88  77  66  55  44    9    8    7    6    4    3    2    1
请输入查找的数:88
查找的数是第 3 个 88

101  99  88  77  66  55  44    9    8    7    6    4    3    2    1
请输入查找的数:10
没找到
```

5. 定义一个求一组数平均值的函数。在主函数中输入一组数,并调用该函数输出这组数的平均值。

参考答案:

编写程序

```
1   # include < iostream >
2   # include < iomanip >
3   using namespace std;
4   int main()
5   {
6       double f(double b[100], int n);
7       double a[100];
8       int i, n;
9       cout << "输入一个正整数 n:";
10      cin >> n;
11      for (i = 0; i <= n - 1; i++)
12      {
13          cout << "输入第" << i + 1 << "个数:";
14          cin >> a[i];
15      }
16      for (i = 0; i <= n - 1; i++)
```

```
17        {
18            cout << setw(10) << a[i];
19            if ((i + 1) % 5 == 0) cout << endl;        //一行输出 5 个数据
20        }
21        cout << endl;
22        cout << "平均值:" << f(a, n) << endl;
23        return 0;
24  }
25  double f(double b[100], int n)
26  {
27        int i;
28        double sum = 0;
29        for (i = 0; i <= n - 1; i++) sum += b[i];
30        return sum / n;
31  }
```

运行结果:

```
输入一个正整数 n:8
输入第 1 个数: 9
输入第 2 个数: 7
输入第 3 个数: 5
输入第 4 个数: 3
输入第 5 个数: 2
输入第 6 个数: 4
输入第 7 个数: 6
输入第 8 个数: 8
         9         7         5         3         2
         4         6         8
平均值: 5.5
```

6. 在主函数中初始化一个二维数组,并输出每个数组元素。调用子函数,统计每一行元素之和,将和直接存放在每行的第一个元素中。返回主函数后,再次输出数组元素的值。比较两次的输出结果。

参考答案:

编写程序

```
1    # include < iostream >
2    # include < iomanip >
3    using namespace std;
4    int main()
5    {
6        void f(int b[4][3]);
7        int a[4][3] = { { 1, 2, 3 }, { 7, 8, 9 }, { 4, 5, 6 }, { 10, 11, 12 } };
8        int i, j;
9        for (i = 0; i <= 3; i++)
```

```
10    {
11        for (j = 0; j <= 2; j++) cout << setw(10) << a[i][j];
12        cout << endl;
13    }
14    f(a);
15    cout << "行求和后的数组数据:" << endl;
16    for (i = 0; i <= 3; i++)
17    {
18        for (j = 0; j <= 2; j++) cout << setw(10) << a[i][j];
19        cout << endl;
20    }
21    return 0;
22 }
23 void f(int b[4][3])
24 {
25    int i, j;
26    for (i = 0; i <= 3; i++)
27    for (j = 1; j <= 2; j++) b[i][0] += b[i][j];
28 }
```

运行结果:

```
    1         2         3
    7         8         9
    4         5         6
   10        11        12
行求和后的数组数据:
    6         2         3
   24         8         9
   15         5         6
   33        11        12
```

7. 有一个字符串,共 20 个字符,要求统计出其中英文大写字母、小写字母、数字、空格、其他字符的个数。

参考答案:

编写程序

```
1  # include < iostream >
2  # include < string >
3  using namespace std;
4  int main()
5  {
6      string str1 = "ABCD a1b2c #1 % 2CDEFG";
7      int num = 0, c1 = 0, c2 = 0, c3 = 0, c4 = 0, c5 = 0;
8      int i;
9      for (i = 0; i <= 19; i++)
```

```
10      {
11          if (str1[i] >= 'A' && str1[i] <= 'Z') c1++;
12          else if (str1[i] >= 'a' && str1[i] <= 'z') c2++;
13          else if (str1[i] >= '0' && str1[i] <= '9') c3++;
14          else if (str1[i] == 32) c4++;
15          else c5++;
16      }
17      cout << "大写字母个数:" << c1 << endl;
18      cout << "小写字母个数:" << c2 << endl;
19      cout << "数字个数:" << c3 << endl;
20      cout << "空格个数:" << c4 << endl;
21      cout << "其他字符个数:" << c5 << endl;
22      return 0;
23  }
```

运行结果:

大写字母个数:9
小写字母个数:3
数字个数:4
空格个数:2
其他字符个数:2

此题扩展:要求输入一个字符串字符存放在一个字符串型的变量中,若字符串中字符个数小于20个字符则统计此串中所有字符;若字符串字符个数超过(含)20个字符则统计前20个字符。

参考答案:
编写程序

```
1   # include < iostream >
2   # include < string >
3   using namespace std;
4   int main()
5   {
6       string str1 = "";
7       int num = 0, c1 = 0, c2 = 0, c3 = 0, c4 = 0, c5 = 0;
8       cout << "输入一行字符:";
9       char c;
10      while ((c = getchar()) != '\n') { str1 = str1 + c; num++; }     //从键盘输入一个
11  //字符串
12      int i;
13      for (i = 0; str1[i] != '\0' && i <= 19; i++)     //若字符串中字符个数小于20则统
14  //计所有字符,若超过20个字符则统计前20个字符
15      {
```

```
16          if (str1[i] >= 'A' && str1[i] <= 'Z') c1++;
17          else if (str1[i] >= 'a' && str1[i] <= 'z') c2++;
18          else if (str1[i] >= '0' && str1[i] <= '9') c3++;
19          else if (str1[i] == 32) c4++;
20          else c5++;
21      }
22      cout << "大写字母个数:" << c1 << endl;
23      cout << "小写字母个数:" << c2 << endl;
24      cout << "数字个数:" << c3 << endl;
25      cout << "空格个数:" << c4 << endl;
26      cout << "其他字符个数:" << c5 << endl;
27      return 0;
28  }
```

运行结果：

输入一行字符:Aa 12 BCD 3 #(注：输入字符个数小于 20 个)
大写字母个数: 4
小写字母个数: 1
数字个数: 3
空格个数: 4
其他字符个数: 1

输入一行字符:ABCD 1234 # a1b2c3d4 %%##$$ ABCD1234(注：输入字符个数大于 20 个)
大写字母个数: 4
小写字母个数: 4
数字个数: 8
空格个数: 3
其他字符个数: 1

8. 打印以下杨辉三角形(要求打印 10 行)。
输入行数: 10

```
1
1    1
1    2    1
1    3    3    1
1    4    6    4    1
1    5    10   10   5    1
1    6    15   20   15   6    1
1    7    21   35   35   21   7    1
1    8    28   56   70   56   28   8    1
1    9    36   84   126  126  84   36   9    1
```

参考答案：
编写程序

```
1   # include < iostream >
2   using namespace std;
3   # include < iomanip >
4   int main()
5   {
6       int n = 10, i, j, a[10][10] = { 0 };
7       for (i = 0; i <= n - 1; i++) { a[i][0] = 1; a[i][i] = 1; }
8       for (i = 2; i <= n - 1; i++)
9       for (j = 1; j <= i - 1; j++)
10          a[i][j] = a[i - 1][j - 1] + a[i - 1][j];
11      for (i = 0; i < n; i++)
12      {
13          for (j = 0; j <= i; j++) cout << setw(7) << a[i][j];
14          cout << endl;
15      }
16      cout << endl;
17      return 0;
18  }
```

运行结果：

```
1
1    1
1    2    1
1    3    3    1
1    4    6    4    1
1    5   10   10    5    1
1    6   15   20   15    6    1
1    7   21   35   35   21    7    1
1    8   28   56   70   56   28    8    1
1    9   36   84  126  126   84   36    9    1
```

第 **5** 章

构造数据类型

思考题

1. 为什么需要使用结构体类型?

参考答案:

数组是单一数据类型的数据集合。结构体是一个可以包含不同数据类型的数据结构,它是一种可以自己定义的数据类型,它和数组主要的不同点在于结构体可以在一个结构中声明不同的数据类型,而且,相同结构的结构体变量是可以相互赋值的;而一个数组中的所有数组元素则是相同的数据类型,而且数组名是常量不能用于整体赋值。结构体相当于其他高级语言或数据库中的记录(record)。

2. 结构体变量的初始化对 string 用 char 数组有什么不同?

参考答案:

在 Visual C++ 6.0 版本结构体类型含有 string 字符串型作为结构体类型的成员,定义了此结构体类型的变量,不支持变量的初始化。通过赋值语句来实现数据的赋值。结构体类型含有 char 字符型数组作为结构体类型的成员,定义了此结构体型的变量,支持变量的初始化。

3. 能否对结构体类型赋值?

参考答案:

不能。

说明:因为结构体类型与变量是两个不同的概念。只能对结构体变量中的成员赋值,而不能对结构体类型赋值。C++在编译时对类型是不分配空间的,只对变量分配空间。

4. 能否对一个结构体变量作为一个整体赋值、输入且输出?

参考答案:

可以将一个结构体变量的值赋给另一个具有相同结构的结构体变量,也可以使用一个结构体变量中的一个成员的值。但是,不能将一个结构体变量作为一个整体进行输入和输出。

5. 结构体变量的赋值与初始化有什么不同?

参考答案:

在 C++中赋值与初始化是两个不同的概念。变量的初始化是在编译时进行,变量的赋值是在函数或程序运行时进行。变量只初始化一次,但可以通过赋值的方式多次修改变量的值。结构体型变量的赋值与初始化是有区别的。

6. 共用体与结构体有什么区别?

参考答案:

共用体类型也是用来描述类型不相同的数据,但与结构体类型不同,共用体数据成员存储时采用覆盖技术,共享(部分)存储空间,共用体类型在有的书中也译为联合体类型。结构体变量各自有自己的存储空间。

练习题

1. 创建一个结构体 ST,成员有 num(学号)、name(姓名)、score(成绩)、birthday(出生日期),出生日期是一个名为 date 的结构体类型,初始化第 1 个人员的数据信息并赋予变量 st1,再把此人信息赋给另一个变量 st2,输出两个变量 st1 及 st2 的值。

参考答案:

编写程序

```
1   # include < iostream >
2   # include < iomanip >
3   using namespace std;
4   struct date
5   {
6       int year;
7       int month;
8       int day;
9   };
10  struct st
11  {
```

```
12        long num;
13        char name[40];
14        float score;
15        date birthday;
16   };
17   int main()
18   {
19        st st1 = { 2012112233, "张国明", 88.5, 1994, 12, 23 }, st2;
20        st2 = st1;
21        cout << "st1 data:" << endl;
22        cout << setw(15) << st1.num << setw(45) << st1.name << setw(7) << st1.score <<
23   setw(6)
24             << st1.birthday.year << setw(3) << st1.birthday.month << setw(3) <<
25   st1.birthday.day << endl;
26        cout << "st2 data:" << endl;
27        cout << setw(15) << st2.num << setw(45) << st2.name << setw(7) << st2.score <<
28   setw(6)
29             << st2.birthday.year << setw(3) << st2.birthday.month << setw(3) <<
30   st2.birthday.day << endl;
31        return 0;
32   }
```

运行结果：

```
st1 data:
    2012112233          张国明   88.5   1994 12 23
st2 data:
    2012112233          张国明   88.5   1994 12 23
```

2. 定义一个结构体 date（包括 year 年、month 月、day 日），定义变量分别存放出生日期和当日日期，编写程序，要求输入年、月、日的生日日期和当日日期，程序要求计算出他（她）的实际年龄。

参考答案：

编写程序

```
1    # include < iostream >
2    using namespace std;
3    struct date
4    {
5         int year;
6         int month;
7         int day;
8    };
9
10   int main()
11   {
```

```
12      date date1, date2;
13      cout << "输入你的出生日期(yyyy mm dd):";
14      cin >> date1.year >> date1.month >> date1.day;
15      cout << "输入今天日期(yyyy mm dd):";
16      cin >> date2.year >> date2.month >> date2.day;
17      int age;
18      if (date2.year < date1.year) cout << "今天日期不能小于出生日期!" << endl;
19      else if (date2.year == date1.year && date2.month < date1.month) cout << "今天日期
20  不能小于出生日期!" << endl;
21      else if (date2.year == date1.year && date2.month == date1.month &&
22  date2.day < date1.day)
23          cout << "今天日期不能小于出生日期!" << endl;
24      else if (date2.month > date1.month) age = date2.year - date1.year;
25      else if (date2.month == date1.month) if (date2.day >= date1.day) age = date2.year
26  - date1.year;
27      else age = date2.year - date1.year - 1;
28      else age = date2.year - date1.year - 1;
29      cout << "实际年龄:" << age << endl;
30      return 0;
31  }
```

运行结果:

输入你的出生日期(yyyy mm dd):1990 01 03
输入今天日期(yyyy mm dd):2014 10 07
实际年龄: 24

3. 有若干个学生,每个学生含有学号、姓名、成绩。程序要求:编写一个 inputdata 函数用于输入 N 个学生的数据,编写一个 outputdata 函数用于输出 N 个学生的数据,编写一个 avgdata 函数用于计算且输出 N 个学生的平均成绩。

参考答案:
编写程序

```
1   # include < iostream >
2   # include < iomanip >
3   using namespace std;
4   struct st
5   {
6       long num;
7       char name[40];
8       float score;
9   };
10  int main()
11  {
12      st st1[100];
```

```
13        int n;
14        cout << "输入学生人数:";
15        cin >> n;
16        void inputdata(st a[], int n);
17        void outputdata(st a[], int n);
18        float avgdata(st a[], int n);
19        inputdata(st1, n);
20        outputdata(st1, n);
21        cout << "平均成绩:= " << avgdata(st1, n) << endl;
22        return 0;
23    }
24    void inputdata(st a[], int n)
25    {
26        int i;
27        for (i = 0; i <= n - 1; i++)
28        {
29            cout << "输入第" << i + 1 << "个人的数据(学号,姓名,成绩):";
30            cin >> a[i].num >> a[i].name >> a[i].score;
31        }
32    }
33    void outputdata(st a[], int n)
34    {
35        int i;
36        for (i = 0; i <= n - 1; i++)
37            cout << setw(15) << a[i].num << setw(45) << a[i].name << setw(7) <<
38    a[i].score << endl;
39    }
40    float avgdata(st a[], int n)
41    {
42        int i;
43        float avg = 0;
44        for (i = 0; i <= n - 1; i++)
45            avg = avg + a[i].score;
46        return avg / n;
47    }
```

运行结果:

```
输入学生人数:5
输入第 1 个人的数据(学号,姓名,成绩):9001 张国强 89
输入第 2 个人的数据(学号,姓名,成绩):9003 王刚 56
输入第 3 个人的数据(学号,姓名,成绩):9002 李小阳   100
输入第 4 个人的数据(学号,姓名,成绩):9008 荀阳   99
输入第 5 个人的数据(学号,姓名,成绩):9006 戴虹 34
                9001                        张国强      89
                9003                         王刚      56
                9002                        李小阳     100
```

| 9008 | | 苟阳 | 99 |
| 9006 | | 戴虹 | 34 |

平均成绩：= 75.6

4. 创建一个结构体 ST，成员有 num（学号）、name（姓名）、score（成绩）。输入 N 个人员信息，按 score（成绩）降序输出每个学生的记录，在 main 函数中输入数据，在另一个函数中排序并输出。

参考答案：

编写程序

```
1   # include < iostream >
2   # include < iomanip >
3   using namespace std;
4   struct st
5   {
6       long num;
7       char name[40];
8       float score;
9   };
10  int main()
11  {
12      st st1[100];
13      int n;
14      cout << "输入学生人数:";
15      cin >> n;
16      void inputdata(st a[], int n);
17      void outputdata(st a[], int n);
18      void sortdata(st a[], int n);
19      inputdata(st1, n);
20      sortdata(st1, n);
21      outputdata(st1, n);
22      return 0;
23  }
24  void inputdata(st a[], int n)
25  {
26      int i;
27      for (i = 0; i <= n - 1; i++)
28      {
29          cout << "输入第" << i + 1 << "个人的数据(学号,姓名,成绩):";
30          cin >> a[i].num >> a[i].name >> a[i].score;
31      }
32  }
33  void sortdata(st a[], int n)
34  {
35      int i, j;
36      st t;
```

```
37      for (i = 0; i <= n - 2; i++)
38      for (j = i + 1; j <= n - 1; j++)
39      if (a[i].score > a[j].score) { t = a[i]; a[i] = a[j]; a[j] = t; }
40 }
41 void outputdata(st a[], int n)
42 {
43      int i;
44      for (i = n - 1; i >= 0; i--)
45          cout << setw(15) << a[i].num << setw(45) << a[i].name << setw(7) <<
46 a[i].score << endl;
47 }
```

运行结果：

输入学生人数:5
输入第 1 个人的数据(学号,姓名,成绩): 92001 李民   89
输入第 2 个人的数据(学号,姓名,成绩): 92005 张小丽   77
输入第 3 个人的数据(学号,姓名,成绩): 92003 赵七   56
输入第 4 个人的数据(学号,姓名,成绩): 92010 戴丽   45
输入第 5 个人的数据(学号,姓名,成绩): 92009 孙二   88

92001	李民	89
92009	孙二	88
92005	张小丽	77
92003	赵七	56
92010	戴丽	45

5. 创建一个结构体 PERSON，含有两个成员：id(人员代码)及 name(姓名)。在 main 函数中输入 N 个人员记录数据，再编制另一个函数用于输入一个查找人的学号，到 N 个人员中按 id(人员代码)进行查找，若找到，则显示此人的记录，若找不到，则显示"查 无此人!"。

参考答案：

编写程序

```
1  # include < iostream >
2  # include < iomanip >
3  # include < string >
4  using namespace std;
5  struct PERSON
6  {
7      char id[12];
8      char name[40];
9  };
10 int main()
11 {
```

```
12      PERSON p[100];
13      int n;
14      cout << "输入人数:";
15      cin >> n;
16      void inputdata(PERSON a[], int n);
17      void outputdata(PERSON a[], int n);
18      void searchdata(PERSON a[], int n);
19      inputdata(p, n);
20      outputdata(p, n);
21      searchdata(p, n);
22      return 0;
23  }
24  void inputdata(PERSON a[], int n)
25  {
26      int i;
27      for (i = 0; i <= n - 1; i++)
28      {
29          cout << "输入第" << i + 1 << "个人的数据(雇员代码,姓名):";
30          cin >> a[i].id >> a[i].name;
31      }
32  }
33  void outputdata(PERSON a[], int n)
34  {
35      int i;
36      for (i = 0; i <= n - 1; i++)
37          cout << setw(15) << a[i].id << setw(45) << a[i].name << endl;
38  }
39  void searchdata(PERSON a[], int n)
40  {
41      int i;
42      string searchid;
43      cout << "输入一个雇员代码:";
44      cin >> searchid;
45      for (i = 0; i <= n - 1; i++)
46      if (searchid == a[i].id) { cout << setw(15) << a[i].id << setw(45) << a[i].name
47  << endl; break; }
48      if (i == n) cout << "此代码的雇员不存在!" << endl;
49  }
```

运行结果：

```
输入人数:5
输入第1个人的数据(雇员代码,姓名):001 张芳
输入第2个人的数据(雇员代码,姓名):002 李小民
输入第3个人的数据(雇员代码,姓名):003 仇霞
输入第4个人的数据(雇员代码,姓名):009 赵国绅
输入第5个人的数据(雇员代码,姓名):007 王二
            001                             张芳
            002                             李小民
```

003	仇霞
009	赵国绅
007	王二

输入一个雇员代码：003

003	仇霞

6. 创建一个结构体 PERSON，含有两个成员：id（人员代码）及 name（姓名）。在 main 函数中输入 N 个人员记录数据，再编制另一个函数用于输入一个查找人的姓名，到 N 个人员中按 name（姓名）进行查找，若找到，则显示全部同名人员的记录，若找不到，则显示"查无此人!"。

参考答案：

编写程序

```
1   # include < iostream >
2   # include < iomanip >
3   # include < string >
4   using namespace std;
5   struct PERSON
6   {
7       char id[12];
8       char name[40];
9   };
10  int main()
11  {
12      PERSON p[100];
13      int n;
14      cout << "输入人数:";
15      cin >> n;
16      void inputdata(PERSON a[], int n);
17      void outputdata(PERSON a[], int n);
18      void searchdata(PERSON a[], int n);
19      inputdata(p, n);
20      outputdata(p, n);
21      searchdata(p, n);
22      return 0;
23  }
24  void inputdata(PERSON a[], int n)
25  {
26      int i;
27      for (i = 0; i <= n - 1; i++)
28      {
29          cout << "输入第" << i + 1 << "个人的数据(雇员代码,姓名):";
30          cin >> a[i].id >> a[i].name;
31      }
32  }
33  void outputdata(PERSON a[], int n)
```

```
34 {
35     int i;
36     for (i = 0; i <= n - 1; i++)
37         cout << setw(15) << a[i].id << setw(45) << a[i].name << endl;
38 }
39 void searchdata(PERSON a[], int n)
40 {
41     int i;
42     bool flag = true;
43     string searchname;
44     cout << "输入一个雇员姓名:";
45     cin >> searchname;
46     for (i = 0; i <= n - 1; i++)
47         if (searchname == a[i].name) { cout << setw(15) << a[i].id << setw(45) <<
48 a[i].name << endl; flag = false; }
49     if (flag) cout << "此代码的雇员不存在!" << endl;
50 }
```

运行结果:

输入人数:4
输入第1个人的数据(雇员代码,姓名):3002 王明
输入第2个人的数据(雇员代码,姓名):3004 张芳
输入第3个人的数据(雇员代码,姓名):3009 李明默
输入第4个人的数据(雇员代码,姓名):3008 王明
　　　　3002　　　　　　　　　　　　王明
　　　　3004　　　　　　　　　　　　张芳
　　　　3009　　　　　　　　　　　李明默
　　　　3008　　　　　　　　　　　　王明
输入一个雇员姓名:王明
　　　　3002　　　　　　　　　　　　王明
　　　　3008　　　　　　　　　　　　王明

第 **6** 章

指针和引用

思考题

1. 什么是指针? 什么是引用?

参考答案:

内存中每一个字节都有一个编号,这个编号就称为地址,对应于一个内存单元,系统根据一个内存地址就可以准确地找到该内存单元并且对此地址内存单元中的数据进行读写操作。通常把这个地址称为指针。引用就是某个变量的"别名",对引用的操作与对变量直接操作效果完全相同。

2. 函数间的值传递与地址传递有什么区别?

参考答案:

值传递表示实参向形参传递的是数值,地址传递表示实参向形参传递的是变量的地址(又称指针)。C++中函数调用时实参与形参之间的变量数据传递是单向传递。无论是值传递还是地址传递都要遵循单向传递这个规则,即形参的值不会自动回传到实参。值传递表示实参向形参传递的是数值,形参的数值是不会自动回传给实参的。而地址传递表示实参向形参传递的是变量的地址,形参接收的是变量的地址。C++中允许在被调用函数内通过对形参指针变量进行间接访问来读写对应的实参指向的变量数据。

3. 函数指针与返回指针值的函数有什么区别?

参考答案:

指针函数指返回值为指针的函数。

函数指针指函数入口地址。

4. 指针数组与数值数组有什么区别?

参考答案:

一个数组中其数组元素均为指针类型数据,该数组就称为指针数组。也就是说,指针数组中的每一个数组元素相当于一个指针变量,它的数据都是地址。一个数组中其数组元素均为非指针,该数组就称为数值数组。常用的数值数组有 int 型数组、char 型数据、string 型数组等。

5. ＊p＋＋与(＊p)＋＋有什么不同?

参考答案:

＊p＋＋与(＊p)＋＋是不同的。＊p＋＋根据优先级可表示成＊(p＋＋),表示先使用表达式＊p;然后再执行 p＝p＋1。(＊p)＋＋表示先使用表达式＊p;然后再执行(＊p)＝(＊p)＋1 即＊p＝＊p＋1。p＝p＋1 与＊p＝＊p＋1 是不同的。

例如,执行语句 int a[]＝{1,2,3},＊p＝a; cout ＜＜＊p＋＋;表示先输出＊p 的数据即 a[0]的数值 1,再执行语句 p＝p＋1;后 p＝&a[1]了,指针变量 p 中由数组元素 a[0]的地址变成了数组元素 a[1]的地址,习惯称为指向 a[0]变成了指向 a[1],但是,数组 a 中的所有数值保持不变。执行语句 int a[]＝{1,2,3},＊p＝a; cout ＜＜(＊p)＋＋;表示先输出＊p 的数据即 a[0]的数值 1,再执行语句＊p＝＊p＋1;后数组元素＊p(等价于 a[0]),a[0]的数值加了 1,由 1 更改为 2。指针变量 p 中存放数组元素 a[0]地址保持不变,但是数组元素 a[0]中的数值加了 1 变成了 2。

6. char a,＊p＝&a;,问变量 a 和指针变量 p 各占几字节?

参考答案:

执行语句 char a,＊p＝&a;,变量 a 是字符型变量用于存放 1 个字符占 1B。指针变量 p 存放的是内存地址占 4B。

7. 使用 4B 来表示内存地址,例如,写成 0012FF00 等。下列定义变量且初始化语句执行后,p1,p2,p3 三个指针变量在内存中各占几字节?

```
char  a[20] = "C++  Program.", * p1 = a;
int   b = 1, * p2 = &b;
double  c = 12.45, * p3 = &c;
```

参考答案:

内存地址"0012FF00"表示用十六进制数来进行内存地址的编码,8 个十六进制数表示此机器的内存地址采用 4B 编码。p1、p2、p3 三个变量都是指针变量,而指针变量存放的是内存地址,所以它们各占 4B。

为什么 p1、p2、p3 三个指针变量在定义时都需要指定数据的基类型 char,int,double 呢? 即 char ＊p1;int ＊p2;double ＊p3;,因为在执行＊p1、＊p2、＊p3 实现指针变量间接访问数组元素 a[0]、变量 b、变量 c 的数据时，计算机需要根据数据元素 a[0]、变量 b、变量 c 的数据类型来读写变量在内存存放数据的字节数。char 变量的数据在内存中占 1B、int 变量的数据在内存中占 4B、double 变量的数据在内存中占 8B。为了保证指针变量间接访问时数据的正确，指针变量定义时的数据类型与对应变量的定义数据类型必须相同。

例如：char a[20]= "C++ Program. "，* p1=a；

等价于：

char a[20]= "C++ Program. "；

char * p1；

p1=&a[0]；　　（p=a；等价于 p=&a[0]；）

例如：

int b=1, * p2=&b；

等价于：

int b=1；

int * p2；

p2=&b；

例如：

double c=12.45, * p3=&c；

等价于：

double c=12.45；

double * p3；

p3=&c；

指针变量间接访问的使用规则举例：首先执行语句 char　a[20]= "C++ Program. "；char * p1；定义字符型一维数组 a 和字符型指针变量 p1；然后再执行赋值语句 p1=a；（即 p1=&a[0]；）使指针变量 p1 中存放字符数组元素 a[0]的地址；再执行赋值语句 * p1='a'；（ * p1 表示间接读写数组元素 a[0]的数据），实现数组元素 a[0]的数据由大写字母 C 更改为小写字母 a。

源程序

```
1   # include < iostream >
2   using namespace std;
3   int main()
4   {
5       char a[20] = "C++ Program.";
6       char * p1;
7       p1 = a;                          //(p = a;等价于 p = &a[0];)
```

```
8       * p1 = 'a';
9       cout << a[0] << endl;
10      return 0;
11 }
```

运行结果：

a

练习题

1. 在 main 函数中输入两个数值并赋予变量 a 与 b,再编制一个函数,程序功能是对两数进行自加计算,程序要求这两个数进行自加,并将自加后的结果返回到 main 函数输出,这个函数的形参为指针变量。

参考答案：

编写程序

```
1   # include < iostream >
2   using namespace std;
3   int main()
4   {
5       void fun(int * x, int * y);         //函数声明
6       int a, b, sum;
7       cout << "请输入 a,b:";
8       cin >> a >> b;
9       fun(&a, &b);
10      sum = a + b;
11      cout << "sum = " << sum << endl;
12      return 0;
13  }
14  void fun(int * x, int * y)              //函数定义
15  {
16      ( * x)++;
17      ( * y)++;
18  }
```

运行结果：

请输入 a,b:2 5
sum = 9

2. 在 main 函数中输入两个数值并赋予变量 a 与变量 b,再编制一个函数,程序功能是对两数进行自加计算,程序要求这两个数进行自加,并将自加后的结果返回到 main 函

数输出,这个函数的形参为变量的引用。

参考答案:

编写程序

```
1   # include < iostream >
2   using namespace std;
3   int main()
4   {
5       void fun(int &x, int &y);              //函数声明
6       int a, b, sum;
7       cout << "请输入 a,b:";
8       cin >> a >> b;
9       fun(a, b);
10      sum = a + b;
11      cout << "sum = " << sum << endl;
12      return 0;
13  }
14  void fun(int &x, int &y)                   //函数定义
15  {
16      x++;
17      y++;
18  }
```

运行结果:

请输入 a,b:5   7
sum = 14

3. 在 main 函数中建立一个数组存放若干个学生的成绩,并设置变量 avgscore(平均分)、maxscore(最高分)、minscore(最低分)分别用于存放相应的统计数据,将此数组按地址传递给 sortscore 函数,在 sortscore 函数中对这批成绩降序排列,并计算出平均分、最高分、最低分。直接修改 main 函数中这些变量的值但不能直接输出数据,在 main 函数中输入数据且输出数据。

参考答案:

编写程序

```
1   # include < iostream >
2   # include < cmath >
3   using namespace std;
4   int main()
5   {
6       int score[100], * p = score, n;
7       double maxscore = 0, minscore = 0, avgscore = 0;
```

```
8        cout << "输入一个整数(小于或等于100):";
9        cin >> n;
10       int i;
11       for (i = 0; i <= n - 1; p++, i++)
12       {
13           cout << "输入第" << i + 1 << "个数:";
14           cin >> * p;
15       }
16       void sortscore(int * s, int n, double &max, double &min, double &avg);
17       sortscore(score, n, maxscore, minscore, avgscore);
18       cout << "排序后的数据:" << endl;
19       for (i = 0; i <= n - 1; i++)
20       {
21           cout << * (score + i) << " ";         //虽然形参是数组,但仍可使用指针法
22           if ((i + 1) % 5 == 0) cout << endl;
23       }
24       cout << endl;
25       cout << "最大值:" << maxscore << endl;
26       cout << "最小值:" << minscore << endl;
27       cout << "平均值:" << avgscore << endl;
28       return 0;
29   }
30
31   void sortscore(int * s, int n, double &max, double &min, double &avg)
32   {
33       int t, i, j;
34       for (i = 0; i <= n - 2; i++)
35           for (j = 0; j <= n - 2; j++)
36               if (s[j]> s[j + 1]) { t = s[j]; s[j] = s[j + 1]; s[j + 1] = t; }
37       for (i = 0; i <= n - 1; i++) avg += s[i];
38       avg = avg / n;
39       max = s[n - 1];
40       min = s[0];
41   }
```

运行结果:

```
输入一个整数(小于或等于100):5
输入第 1 个数:12
输入第 2 个数:3
输入第 3 个数:5
输入第 4 个数:6
输入第 5 个数:2
排序后的数据:
2  3  5  6  12
```

最大值: 12
最小值: 2
平均值: 5.6

4. 使用 string 数据类型的指针数组的方法完成 *N* 个字符串(注意:字符串中含有空格)的排序与输出。

参考答案:

编写程序

```
1   # include < iostream >
2   # include < string >
3   using namespace std;
4   const int MAXSIZE = 100;
5   int main()
6   {
7       void sort(string * name[ ], int n);
8       void print(string * name[ ], int n);
9       int i, n;
10      string * name[MAXSIZE];
11      string str[MAXSIZE];
12      char c;
13      string x;
14      cout << "输入个数 n:";
15      cin >> n;
16      c = getchar();
17      cout << "输入" << n << "行字符串: " << endl;
18      for (i = 0; i <= n - 1; i++)
19      {
20          x = "";
21          while ((c = getchar()) != '\n') x = x + c;
22          str[i] = x;
23          name[i] = &str[i];
24      }
25      sort(name, n);
26      print(name, n);
27      return 0;
28  }
29  void sort(string * name[ ], int n)
30  {
31      string temp;
32      int i, j;
33      for (i = 0; i <= n - 2; i++)
34      for (j = i + 1; j <= n - 1; j++)
35      if ( * name[i]> * name[j]) { temp = * name[i]; * name[i] = * name[j]; * name[j] =
36  temp; }
37  }
38  void print(string * name[ ], int n)
```

```
39 {
40     int i;
41     for (i = 0; i <= n - 1; i++) cout << * name[i] << endl;
42 }
```

运行结果：

输入个数 n:4
输入 4 行字符串：
abcd 2
Abcd 2
a 1
ERT
排序结果：
Abcd 2
ERT
a 1
abcd 2

5. 使用指向指针的指针方法完成 N 个字符串（注意：字符串中含有空格）的排序与输出。

参考答案：
编写程序

```
1   # include < iostream >
2   # include < string >
3   using namespace std;
4   const int MAXSIZE = 100;
5   int main()
6   {
7       void sort(char * name[], int n);
8       void print(char * name[], int n);
9       int i, j, n;
10      char * name[MAXSIZE];
11      char str[MAXSIZE][MAXSIZE];
12      char c;
13      cout << "输入个数 n:";
14      cin >> n;
15      c = getchar();
16      cout << "输入" << n << "行字符串:" << endl;
17      for (i = 0; i <= n - 1; i++)
18      {
19          j = 0;
20          while ((c = getchar()) != '\n') { str[i][j] = c; j++; }
21          str[i][j] = '\0';
22          name[i] = str[i];
```

```
23        }
24        sort(name, n);
25        print(name, n);
26        return 0;
27 }
28 void sort(char * name[ ], int n)
29 {
30        char * temp, ** k;
31        int i, j;
32        for (i = 0; i <= n - 2; i++)
33        {
34            k = name;
35            for (j = i + 1; j <= n - 1; j++, k++)
36            if (strcmp( * k, * (k + 1))> 0) { temp = * k; * k = * (k + 1); * (k + 1) = temp; }
37        }
38 }
39 void print(char * name[ ], int n)
40 {
41        char ** k = name;
42        int i;
43        for (i = 0; i <= n - 1; i++, k++) cout << * k << endl;
44 }
```

运行结果：

输入个数 n:5
输入 5 行字符串：
THis 12
Tis   12
this 1
Yth
s 3
排序结果：
THis 12
Tis   12
Yth
s 3
this 1

6. 输入一个字符串(注意：字符串中含有空格)，使用字符型数组和字符型指针来实现程序的功能，统计且输出字符串中字母的个数。
参考答案：
编写程序

```
1   # include < iostream >
2   # include < string >
```

```
3   using namespace std;
4   const int MAXSIZE = 100;
5   int main()
6   {
7       int i = 0, n = 0;
8       char str[MAXSIZE];
9       char * p = &str[0];
10      char c;
11      while ((c = getchar()) != '\n') { str[i] = c; i++; }
12      str[i] = '\0';
13      for (i = 0; * p != '\0'; p++, i++)
14      if ( * p >= 'A' && * p <= 'Z' || * p >= 'a' && * p <= 'z') n++;
15      cout << "字符个数:" << n << endl;
16      return 0;
17  }
```

运行结果:

This is a sample!
字母个数: 13

7. 编写一个 createlink 函数,函数功能是创建一个动态链表,各结点用于存放学生的学号、姓名、成绩等数据。整个动态链表具有 N 个结点,各结点的数据从键盘输入,并编写一个 printlink 函数,函数功能是从头结点开始到最末结点输出整个链表中及格的学生结点(成绩大于或等于 60)数据。在 main 函数中完成结构体类型的定义及函数的调用。

参考答案:
编写程序

```
1   # include < iostream >
2   # include < string >
3   using namespace std;
4   struct st
5   {
6       string sno;
7       string name;
8       int score;
9       st * next;
10  };
11
12  int main()
13  {
14      st * createlink();
15      void print(st * );
16      st * head;
```

```
17        head = createlink();
18        print(head);
19        system("pause");
20        return 0;
21 }
22
23 st * createlink()
24 {
25        st * h, * p, * c;
26        int n;
27        cout << "输入学生人数 n:";
28        cin >> n;
29        int i;
30        for (i = 1; i <= n; i++)
31        {
32            cout << "输入第" << i << "个(结点)学生的数据:";
33            p = new st;
34            cin >> p -> sno >> p -> name >> p -> score;
35            p -> next = NULL;
36            if (i == 1) { h = p; c = p; }
37            else { c -> next = p; c = p; }
38        }
39        return h;
40 }
41
42 void print(st * p)
43 {
44        st * h;
45        h = p;
46        while (p != NULL)
47        {
48            if (p -> score >= 60) cout << p -> sno << "," << p -> name << "," << p -> score
49 << endl;
50            p = p -> next;
51        }
52 }
```

运行结果：

输入学生人数 n:4
输入第 1 个(结点)学生的数据:9001 李明 89
输入第 2 个(结点)学生的数据:9004 全天 87
输入第 3 个(结点)学生的数据:9003 程天明 34
输入第 4 个(结点)学生的数据:9002 王韦 66
输出结果：
9001,李明,89
9004,全天,87
9002,王韦,66

8. 编写一个 createlink 函数,函数功能是创建一个动态链表,各结点用于存放学生的学号、姓名、性别等数据。编写 print 函数,输出整个链表;编写 deletenote 函数,从链表中删除倒数第二个链表结点。

参考答案:

编写程序

```
1   # include < iostream >
2   # include < string >
3   using namespace std;
4   struct st
5   {
6       string sno;
7       string name;
8       char sex;
9       st * next;
10  };
11  int main()
12  {
13      st * createlink();
14      void print(st * );
15      st * head;
16      head = createlink();
17      print(head);
18      st * deletenote(st * );
19      cout << "输出删除倒数第 2 个结点后的新链表:" << endl;
20      print(deletenote(head));
21      return 0;
22  }
23  //创建 N 个结点的链表
24  st * createlink()
25  {
26      st * h, * p, * c;
27      int n;
28      cout << "输入链表结点个数 n:";
29      cin >> n;
30      int i;
31      for (i = 1; i <= n; i++)
32      {
33          p = new st;
34          cin >> p -> sno >> p -> name >> p -> sex;
35          p -> next = NULL;
36          if (i == 1) { h = p; c = p; }
37          else { c -> next = p; c = p; }
38      }
39      return h;
40  }
41  //输出链表结点
```

```
42  void print(st * p)
43  {
44      while (p != NULL)
45      {
46          cout << p->sno << "," << p->name << "," << p->sex << endl;
47          p = p->next;
48      }
49  }
50
51  //删除倒数第2个链表结点
52  st * deletenote(st * p)
53  {
54      st * h, * c1, * c2; h = c1 = c2 = p;
55      while (p->next != NULL) { c1 = c2; c2 = p; p = p->next; }
56      if (h == p) return h;
57      else if (h->next == p) { h->next = NULL; return h; }
58      else { c1->next = p; return h; }
59  }
```

运行结果：

```
输入链表结点个数 n:4
9001 张响 M
9002 全一天 F
9006 李需 M
9007 戴小民 F
输出建立的链表：
9001,张响,M
9002,全一天,F
9006,李需,M
9007,戴小民,F
输出删除倒数第2个结点后的新链表：
9001,张响,M
9002,全一天,F
9007,戴小民,F
```

9. 编写一个 createlink 函数，函数功能是创建一个动态链表，各结点用于存放学生的学号、姓名、性别等数据。编写 print 函数输出整个链表；编写 malelink 函数，从原链表中整理出性别（sex）为男（M）的男生链表。说明：sex 值为 M 表示男生，sex 值为 F 表示女生。

参考答案：
编写程序

```
1   # include < iostream >
2   # include < string >
3   using namespace std;
```

```
4    struct st
5    {
6        string sno;
7        string name;
8        char sex;
9        st * next;
10   };
11   int main()
12   {
13       st * createlink();
14       void print(st * );
15       st * head;
16       head = createlink();
17       print(head);
18       st * malelink(st * );
19       cout << "生成且输出男生链表:" << endl;
20       print(malelink(head));
21       return 0;
22   }
23   //创建 N 个结点的链表
24   st * createlink()
25   {
26       st * h, * p, * c;
27       int n;
28       cout << "输入链表结点个数 n:";
29       cin >> n;
30       int i;
31       for (i = 1; i <= n; i++)
32       {
33           p = new st;
34           cin >> p -> sno >> p -> name >> p -> sex;
35           p -> next = NULL;
36           if (i == 1) { h = p; c = p; }
37           else { c -> next = p; c = p; }
38       }
39       return h;
40   }
41   //输出链表结点
42   void print(st * p)
43   {
44       while (p != NULL)
45       {
46           cout << p -> sno << "," << p -> name << "," << p -> sex << endl;
47           p = p -> next;
48       }
49   }
50   //创建男生(SEX 值为 M)的链表
51   st * malelink(st * p)
52   {
```

```
53      st * h, * c;
54      while (p != NULL && p -> sex != 'M') p = p -> next;              //找到第 1 个男生
55      if (p == NULL) { cout << "没有男生" << endl; return NULL; }
56      else { h = c = p; p = p -> next; }
57      while (p != NULL)
58      {
59          if (p -> sex == 'M') { c -> next = p; c = p; p = p -> next; }    //找到以后结点的
60 //男生
61          else p = p -> next;
62      }
63      c -> next = NULL;
64      return h;
65 }
```

运行结果：

输入链表结点个数 n:4
8001 李一　 M
8009 张芳霞　 M
8002 欧阳玲玲 F
8004 赵刚　 M
输出建立的链表：
8001,李一,M
8009,张芳霞,M
8002,欧阳玲玲,F
8004,赵刚,M
生成且输出男生链表：
8001,李一,M
8009,张芳霞,M
8004,赵刚,M

第 **7** 章

类 和 对 象

思考题

1. 用自己的语言说明什么是支持面向过程的程序设计风格？什么是支持面向对象的程序设计风格？它们的特征分别是什么？

参考答案：

面向过程：以过程为中心，把解决问题所需要的步骤依次实现，使用的时候一个一个调用就可以了。

面向对象：把要解决的问题作为一个实体，把各个不同的对象模块化，最后通过模块组合来实现功能。

2. 什么是类？什么是对象？对象与类有什么样的关系？

参考答案：

"对象（Object）"的概念是面向对象技术的核心所在，客观世界中任何一个事物都可以看成一个对象。对象就是任何可以想象出来的具体物体。这样一个个部件实体可以在计算机世界中映射为一个个对象（发动机对象、底盘对象等）。

类是定义同一类所有对象的变量和方法的蓝图或原型。例如，可以建立一个定义包含当前挡位等实例变量的自行车类。这个类也定义和提供了实例方法（变挡、刹车）的实现。实例变量的值由类的每个实例提供。因此，当创建自行车类以后，必须在使用之前对它进行实例化。当创建类的实例时，就建立了这种类型的一个对象。

其实类与对象的关系，就像模板与成品之间的关系，类就像是一个模板，用来制作与该模板相似的产品，这个由类制作出的成品，就是对象。

3. 什么样的函数称为构造函数？构造函数的运行特点是什么？

参考答案：

符合以下条件的函数称为构造函数。

（1）成员函数。

（2）构造函数的函数名必须与类名相同。

（3）构造函数无返回值，没有函数类型（在函数名称前面没有类型说明符）。

构造函数的运行特点：当创建类对象的时候构造函数会被自动调用，而无须主动调用。

4. 什么样的函数称为析构函数？析构函数的运行特点是什么？

参考答案：

符合以下条件的函数称为析构函数。

（1）必须是成员函数。

（2）无返回值，没有函数类型（在函数名称前面没有类型说明符）。

（3）没有参数，不能被重载，因此一个类也只能含有一个析构函数。

（4）函数名必须为"～类名"的形式，符号"～"与类名之间可以有空格。

析构函数的运行特点是：当对象的生命期结束时，会自动执行析构函数。

5. 什么是静态成员变量？什么是静态成员函数？它们和非静态成员有什么不同之处？

参考答案：

静态成员变量声明非常简单，只需要将 static 关键字加在成员变量声明的前面即可。

静态数据成员是在程序编译时被分配空间的，到程序结束时才释放空间。静态成员变量不会影响类及其对象的大小，也即 sizeof 的结果不会受到影响。例如在声明 student 时，无论是否声明 count 和 sum 这两个静态成员变量，sizeof(student)或者 sizeof(student 的对象)的结果都是不会变的。静态成员变量属于类而不属于任何一个对象，如此一来可以实现数据共享功能。

在类内除了能用 static 声明静态成员变量外，同样可以使用 static 声明静态成员函数，静态成员函数只能访问 static 成员变量。例如，average 是静态成员函数，它可以直接引用私有的静态数据成员，函数返回成绩的平均值。在 main 函数中，引用静态成员函数 average 要用类名或对象名。

静态成员函数只能访问静态成员变量，而不能访问非静态成员变量。静态成员函数的作用不是为了对象之间的沟通，而是为了能处理静态数据成员。静态成员函数不要访问本类中的非静态成员。只用静态成员函数引用静态数据成员，而不引用非静态数据成员。这样思路清晰，逻辑清楚，不易出错。

6. 什么是友元函数？友元函数是成员函数吗？

参考答案：

如果在本类以外的其他地方定义了一个函数（这个函数可以是不属于任何类的非成

员函数,也可以是其他类的成员函数),在类体中通过 friend 关键字将不属于当前类的一个函数在当前类中加以声明,此函数就称为本类的友元函数。友元函数可以访问这个类中的私有成员。

练习题

1. 声明一个商品类(CGoods),商品特征的描述包括商品名称 Name(用字符串描述)、商品数量 Amount(用整型数描述)、商品单价 Price(用浮点数描述)、商品总价 Total_value(用浮点数描述)等,商品数据的操作行为包括新商品登记、读取商品名、读取商品数量、读取商品单价、读取商品总价值等。

参考答案:

问题分析

该程序需要声明 CGoods 类,包含 4 个成员数据,6 个成员函数,成员函数可以在类内声明,类外定义。因为没有运行要求,也就不需要给出运行结果。

编写程序

```
1  class CGoods
2  {
3  private:
4      char Name[21];
5      int Amount;
6      float Price;
7      float Total_value;
8  public:
9      void RegisterGoods(char * , int, float);      //登记新商品,此处是函数头
10     void CountTotal(void);                        //计算商品总价值
11     void GetName(char * );                        //读取商品名
12     int GetAmount(void);                          //读取商品数量
13     float GetPrice(void);                         //读取商品单价
14     float GetTotal_value(void);                   //读取商品总价值
15  };
16  void CGoods::RegisterGoods(char * name, int amount, float price)    //登记新商品
17  {   //char * 是指向字符的指针类型说明,name 现可理解为字符串
18      strcpy(Name, name);                          //字符串复制函数
19      Amount = amount; Price = price;
20  }
21  void CGoods::CountTotal(void)                     //计算商品总价值
22  {
23      Total_value = Price * Amount;
24  }
25  void CGoods::GetName(char * name)                 //读取商品名
26  {
27      strcpy(name, Name);
28  }
```

```
29  int CGoods::GetAmount(void)                    //读取商品数量
30  {
31      return(Amount);
32  }
33  float CGoods::GetPrice(void)                    //读取商品单价
34  {
35      return(Price);
36  }
37  float CGoods::GetTotal_value(void)             //读取商品总价值
38  {
39      return(Total_value);
40  }
```

2. 在上一个练习题的基础上,编写一个完整的可执行程序,在 main 函数中完成以下工作。

(1) 定义具体汽车对象 car。

(2) 依次输入汽车型号、数量与单价作为该批汽车对象的属性特征。

(3) 向显示器显示该批汽车的数量、单价和总价。

参考答案:

问题分析

该程序需要声明 CGoods 类,包含 4 个成员数据、6 个成员函数,成员函数可以在类内声明,类外定义。需要用 CGoods 类创建需要的对象,并给出运行结果。

编写程序

```
1   # include < iostream >
2   using namespace std;
3   # include < iomanip >
4   # include < string >
5   # include < cmath >
6   class CGoods
7   {
8   private:
9       char Name[21];
10      int Amount;
11      float Price;
12      float Total_value;
13  public:
14      void RegisterGoods(char * , int, float);      //登记新商品,此处是函数头
15      void CountTotal(void);                         //计算商品总价值
16      void GetName(char * );                         //读取商品名
17      int GetAmount(void);                           //读取商品数量
18      float GetPrice(void);                          //读取商品单价
19      float GetTotal_value(void);                    //读取商品总价值
20  };
21  void CGoods::RegisterGoods(char * name, int amount, float price)     //登记新商品
22  {    //char * 是指向字符的指针类型说明,name 可理解为字符串
```

```
23        strcpy(Name, name);                    //字符串复制函数
24        Amount = amount;
25        Price = price;
26 }
27 void CGoods::CountTotal(void)                  //计算商品总价值
28 {
29        Total_value = Price * Amount;
30 }
31 void CGoods::GetName(char * name)              //读取商品名
32 {
33        strcpy(name, Name);
34 }
35 int CGoods::GetAmount(void)                    //读取商品数量
36 {
37        return(Amount);
38 }
39 float CGoods::GetPrice(void)                   //读取商品单价
40 {
41        return(Price);
42 }
43 float CGoods::GetTotal_value(void)             //读取商品总价值
44 {
45        return(Total_value);
46 }
47 void main()
48 {
49        CGoods car;                             //定义了具体汽车对象 car
50        char str[21];
51        int num;
52        float pr;
53        cout << "依次输入汽车型号、数量与单价(每输入一个数据按回车键):\n";
54        cin.getline(str, 20);                   //输入串长必须小于 20
55        cin >> num >> pr;
56        car.RegisterGoods(str, num, pr);        //对象的使用:public 型成员:对象名.成员名
57        car.CountTotal();
58        str[0] = '\0';
59        //字符串 str 清零
60        car.GetName(str);
61        cout << "\n" << str << '\n' << car.GetAmount() << '\n' << car.GetPrice()
62            << '\n' << car.GetTotal_value() << endl;
63        /* car.Name 是 privated 型成员,不能"对象名.成员名"的用,
64        只能通过公有成员函数 car.GetName( )来获得,这是对象的使用规则. */
65 }
```

运行结果:

依次输入汽车型号、数量与单价(每输入一个数据按回车键):
Q3↙
10↙

23.5√

Q3
10
235

3. 声明一个油罐类（OilTank），该类有以下成员变量（实例变量）：油罐编号（tankID，字符串类型），油罐最多存放多少加仑油（capacity，整型类型），油罐现在存放多少加仑的油（contents，整型类型）；该类还包含一个有三个参数的构造函数用于给 tank ID，capacity 和 contents 赋值。编制一个完整程序，程序的 main()函数实例化一个油罐对象，编译查验该程序的运行情况。

参考答案：

问题分析

该程序需要声明 OilTank 类，包含 3 个成员数据、1 个带参数的构造函数。需要用 OilTank 类创建一个对象，并在创建对象的同时执行带参数的构造函数，参数值可以是任意可行的值。运行程序，但没有要求有运行结果。

编写程序

```
1   # include < iostream >
2   using namespace std;
3   # include < string >
4   class OilTank
5   {
6   public:
7       OilTank(string a, int b, int c)
8       {
9           tankID = a;
10          capacity = b;
11          contents = c;
12      }
13  private:
14      string tankID;
15      int capacity;
16      int contents;
17  };
18  int main()
19  {
20      OilTank t1("0001", 30, 20);
21      return 0;
22  }
```

4. 有两个长方柱，其长、宽、高分别为：①12,20,25；②10,30,20。编写一个基于对象的程序，且定义两个构造函数，其中一个有参数，一个无参数，分别求它们的体积。

参考答案：

问题分析

该程序需要声明 Box 类，包含 3 个成员数据、3 个成员函数，其中一个是不带参数的默认构造函数，一个是带参数的构造函数。需要用 Box 类创建需要的对象，并给出运行结果。

编写程序

```
1    # include < iostream >
2    using namespace std;
3    class Box
4    {
5    private:
6        int length;
7        int wight;
8        int height;
9    public:
10       Box();
11       Box(int, int, int);
12       int volume();
13   };
14   Box::Box()
15   {
16       length = 12;
17       wight = 20;
18       height = 25;
19   }
20   Box::Box(int l, int w, int h)
21   {
22       length = l;
23       wight = w;
24       height = h;
25   }
26   int Box::volume()
27   {
28       return length * wight * height;
29   }
30   int main()
31   {
32       Box mybox1;
33       cout << "The first box's volume = " << mybox1.volume() << endl;
34       Box mybox2(10, 30, 20);
35       cout << "The second box's volume = " << mybox2.volume() << endl;
36       return 0;
37   }
```

运行结果：

```
The first box's volume = 6000
The second box's volume = 6000
```

5. 声明一个 Array_max 类，该类包括一个整型数组 array[10]和一个整型变量 max 作为其成员变量，其中，整型变量 max 存放数组 array[10]的最大值，一个向数组元素输入数值的成员函数 set_value()，一个找出数组元素中的最大值的成员函数 max_value()，一个输出数组元素中的最大值的成员函数 show_value()，编制一个完整程序，找出一个整型数组的最大值。

参考答案：

问题分析

该程序需要声明 Array_max 类，将一个 10 个元素的数组 array[10]和一个整型变量封装为类的成员数据，添加 3 个成员函数，为成员数据 array[10]赋值、求其最大值和显示其最大值。需要用 Array_max 类创建对象，并检验使用效果。

编写程序

```
1    # include < iostream >          //这个问题可以不用类的方法来解决,现在用类来处理
2    using namespace std;
3    class Array_max                  //声明类
4    {
5    public:                          //以下3行为成员函数原型声明
6        void set_value();            //对数组元素设置值
7        void max_value();            //找出数组中的最大元素
8        void show_value();           //输出最大值
9    private:
10       int array[10];               //整型数组
11       int max;                     //max 用来存放最大值
12   };
13   int main()
14   {
15       Array_max arrmax;            //定义对象 arrmax
16       arrmax. set_value();         //调用 arrmax 的 set_value 函数,向数组元素输入数值
17       arrmax. max_value();         //调用 arrmax 的 max_value 函数,找出数组元素中最大值
18       arrmax. show_value();        //调用 arrmax 的 show_value 函数,输出元素中的最大值
19       return 0;
20   }
21   void Array_max::set_value()      //成员函数定义,向数组元素输入数值
22   {
23       int i;
24       cout << "请输入 10 个整数(两个之间用空格隔开): ";
25       for (i = 0; i < 10; i++)
26           cin >> array[ i];
27   }
28   void Array_max::max_value()      //成员函数定义,找数组元素中的最大值
```

```
29   {
30       int i;
31       max = array[0];
32       for (i = 1; i < 10; i++)
33           if (array[i] > max) max = array[i];
34   }
35   void Array_max::show_value()      //成员函数定义,输出最大值
36   {
37       cout << "max = " << max << endl;;
38   }
```

运行结果:

请输入 10 个整数(两个之间用空格隔开): 2 3 54 6 78 43 213 54 76 4
max = 213

6. 编制一个完整程序:声明一个 Stock 类,除具有股票代码(symbol,字符数组)和股票价格(price,double 类型)两个实例成员变量之外,还包含构造函数、析构函数、静态成员变量、静态成员函数等;定义一个三个元素对象数组并初始化该数组,每个数组元素是一只股票的映射,三只股票的代码和价格信息是:600688,12.34;600808,5.49;600788,34.58;计算并显示出三只股票的平均价格。

参考答案:

问题分析

该程序需要声明 Stock 类,包含 4 个成员数据,其中 2 个静态成员数据,1 个带参数的构造函数和 1 个析构函数。需要用 Stock 类创建一个有 3 个元素的对象数组,并在创建对象的同时执行带参数的构造函数,参数值可以是任意可行的值。运行程序,检验程序运行结果。

编写程序

```
1    # include < iostream >
2    using namespace std;
3    class Stock                        //定义 Stock 类
4    {
5    public:
6        Stock(char n[ ], double s)       //定义构造函数
7        {
8            symbol = new char[strlen(n) + 1];   //为 symbol 创建新空间
9            strcpy(symbol, n);               //复制第一个参数进入新空间///symbol = n;
10           price = s;
11           sum += price;                    //累加总分
12           count++;                         //累计已统计的人数
13       };
14
```

```
15        ~Stock()
16        {
17            sum -= price;                //累加总分
18            count -- ;                   //累计已统计的人数
19        }
20        static double average();         //声明静态成员函数
21    private:
22        char * symbol;
23        double price;
24        static double sum;               //静态数据成员
25        static int count;                //静态数据成员
26    };
27    double Stock::sum = 0;               //对静态数据成员初始化
28    int Stock::count = 0;                //对静态数据成员初始化
29    double Stock::average()              //定义静态成员函数
30    {
31        return(sum / count);
32    }
33    int main()
34    {
35        Stock st[3] = {                  //定义对象数组并初始化
36            Stock("600688", 12.34),
37            Stock("600808", 5.49),
38            Stock("600788", 34.58)
39        };
40        double a;
41        a = Stock::average();            //调用静态成员函数
42        cout << "the average price of 3 Stocks is " << a << endl;
43        return 0;
44    }
```

运行结果：

the average price of 3 Stocks is 17.47

7. 建立一个对象数组，内放 5 个学生的数据（学号、成绩），设立一个函数 max，用指向对象的指针作函数参数，在 max 函数中找出 5 个学生中成绩最高者，并输出其学号和成绩。

参考答案：

问题分析

该程序需要声明 Student 类，包含 2 个成员数据，分别是 num 和 score，类型分别是 int 和 float，其中 2 个是静态成员数据，1 个带参数的构造函数和 1 个析构函数。需要用 Student 类创建一个有 5 个元素的对象数组，并在创建对象的同时执行带参数的构造函数，参数值可以是任意可行的值。运行程序，检验程序运行结果。

编写程序

```
1    # include < iostream >
2    using namespace std;
3    class Student
4    {
5    public:
6        Student( int n, float s) :num(n), score(s){}
7        int num;
8        float score;
9    };
10   void main()
11   {
12       Student stud[5] = { Student(101, 78.5), Student(102, 85.5), Student(103, 98.5),
13           Student(104, 100.0), Student(105, 95.5) };
14       void max(Student * );
15       Student * p = &stud[0];
16       max(p);
17   }
18   void max(Student * arr)
19   {
20       float max_score = arr[0].score;
21       int k = 0;
22       for ( int i = 1; i < 5; i++)
23       {
24           if (arr[i].score > max_score)
25           {
26               max_score = arr[i].score;
27               k = i;
28           }
29       }
30       cout << arr[k].num << " " << max_score << endl;
31   }
```

运行结果:

104 100

8. 声明一个日期(Date)类和时间(Time)类,日期类含有三个私有整型成员数据 year、month、day,时间类含有三个私有整型成员数据 hour、minute、second,为日期类和时间类添加各自的构造函数,以便创建各自的对象并指定内容(用现在时间,即做练习题的时间),为日期类和时间类添加 display 函数,并且能够调用 t1 中的 display 函数,实参是 Date 类对象 d1,显示完整的现在日期和时间。

参考答案:

问题分析

该程序需要声明一个 Time 类和一个 Date 类,每个类都包含三个成员数据,Time 类包含一个 display 函数,两个类都有一个带参数的构造函数,需要将 Time 类的 display 函数声明为 Date 类的友元。需要用 Time 类创建一个对象,用 Date 类创建一个对象,用 Time 类的对象执行 display 行为显示相应的日期和时间,检验程序运行结果。

编写程序

```
1    # include < iostream >
2    using namespace std;
3    class Date;                         //对 Date 类的提前引用声明
4    class Time                          //定义 Time 类
5    {
6    public:
7        Time(int, int, int);
8        void display(Date &);           //display 是成员函数,形参是 Date 类对象的引用
9    private:
10       int hour;
11       int minute;
12       int sec;
13   };
14   class Date                          //声明 Date 类
15   {
16   public:
17       Date(int, int, int);
18       friend void Time::display(Date &); //声明 Time 中的 display 函数为友元
19   private:
20       int month;
21       int day;
22       int year;
23   };
24   Time::Time(int h, int m, int s)     //类 Time 的构造函数
25   {
26       hour = h;
27       minute = m;
28       sec = s;
29   }
30   void Time::display(Date &d)         //display 的作用是输出年、月、日和时、分、秒
31   {
32       cout << d.month << "/" << d.day << "/" << d.year << endl;   //引用 Date 类对象数据
33       cout << hour << ":" << minute << ":" << sec << endl;        //引用本类对象中数据
34   }
35   Date::Date(int m, int d, int y)     //类 Date 的构造函数
36   {
37       month = m;
38       day = d;
39       year = y;
40   }
41   int main()
42   {
43       Time t1(10, 13, 56);           //定义 Time 类对象 t1
```

```
44        Date d1(12, 25, 2021);              //定义 Date 类对象 d1
45        t1.display(d1);                     //调用 t1 中的 display 函数,实参是 Date 类对象 d1
46        return 0;
47    }
```

运行结果：

12/25/2021
10:13:56

第 **8** 章

继承和组合

思考题

1. 什么是基类？什么是派生类？它们是什么关系？在程序设计过程中采用这种关系有什么好处？

参考答案：

层次概念是计算机的重要概念。通过继承（inheritance）的机制可对类（class）分层，提供类型/子类型的关系。C++通过类派生（class derivation）机制来支持继承。被继承的类型称为基类（base class）或超类（superclass），新产生的类为派生类（derived class）或子类（subclass）。基类和派生类的集合称作类继承层次结构（hierarchy）。继承机制体现了现实世界的层次结构，反映了事物之间的联系，事物的共性与个性之间的关系。从工作量上看，工作量少，派生类中重复的部分可以从基类继承来，不需要再单独编程。

2. 什么是单一继承（single-inheritance）？什么是多重继承（multiple-inheritance）？编制派生类的主要步骤有哪些？

参考答案：

（1）一个派生类只有一个直接基类是单一继承；一个派生类可以同时有多个基类是多重继承。

（2）编制派生类时可分为以下四步。

① 吸收基类的成员：不论是数据成员，还是函数成员，除构造函数与析构函数外全盘接收（继承方式）。

② 改造基类成员：声明一个和某基类成员同名的新成员，该新成员将屏蔽基类同名

成员,称为同名覆盖(override)。

③ 发展新成员:派生类新成员必须与基类成员不同名,它的加入保证派生类在功能上有所发展。

④ 重写构造函数与析构函数。

3. 派生类构造函数各部分的执行次序是什么?

参考答案:

(1) 进行基类成员初始化——按各基类在派生类定义中的先后顺序,依次调用它们的构造函数。

(2) 若派生类中包含对象成员,还要进行对象成员初始化——按新增成员对象在类定义中排列的先后顺序,依次调用它们的构造函数。

(3) 派生类的构造函数体中的操作。

也就是说,构造在类层次的根处开始,在每一层,首先调用基类构造函数,然后调用对象成员的构造函数。

4. 派生类析构函数各部分的执行次序是什么?

参考答案:

析构函数的执行顺序是按照继承顺序自下向上,从派生类到基类。

5. 什么是继承方式?继承方式有哪些?哪种继承方式是主流继承方式(用得最多)?

参考答案:

派生类定义时的访问限定符,是指访问控制,也称为继承方式,用于在派生类中对基类成员进一步限制。

相应的继承方式有公有继承(public)、保护继承(protected)和私有继承(private)。

公有派生是绝对主流。

练习题

1. 声明一个基类 Box,成员数据包括 width、height 和 length,成员函数包括 SetWidth、SetHeight、SetLength、GetWidth、GetHeight、GetLength 等,请在 Box 类基础上派生出一个具有颜色的 ColoredBox 类,并且可以用 SetColor 成员函数为 ColoredBox 类对象赋颜色值,用 GetColor 取得其颜色值。已知可以设置 blue、white、black、yellow、red 五种颜色。

参考答案:

问题分析

该程序除了按照题意先声明 Box 基类及相应的成员函数,然后声明派生类 ColoredBox 及相应的成员函数外,还需声明一个枚举类 CCColor 用于定义颜色变量 color。该题不需要运行结果。

编写程序

```
1   enum CColor{ blue, white, black, yellow, red };
2   //基类 Box
3   class Box
4   {
5       int width;
6       int height;
7       int length;
8   public:
9       void SetWidth(int w) { width = w; }
10      void SetHeight(int h) { height = h; }
11      int GetWidth() { return width; }
12      int GetHeight() { return height; }
13      void SetLength(int l) { length = l; }
14      int GetLength() { return length; }
15
16  };
17  //派生类 ColoredBox
18  class ColoredBox :public Box
19  {
20      CColor color;
21  public:
22      void SetColor(CColor c){ color = c; };
23      CColor GetColor() { return color; }
24      };
```

2. 利用第1题中声明的 ColoredBox 类，编制一个完整程序，在 main 函数中定义一个具有颜色的 ColoredBox 类对象 cbox，并且利用 SetWidth、SetHeight 等成员函数为该对象赋值；用 GetWidth、GetHeight 等成员函数取得该对象的属性值并显示在显示器上。

参考答案：

问题分析

该程序是利用第1题的类，编制一个完整程序并输出结果。

编写程序

```
1   # include< iostream >
2   using namespace std;
3   //Box 类和 ColoredBox 类代码略(将第1题中的代码复制过来即可)
4   int main(void)
5   {   //声明并使用 ColoredBox 类的对象
6       ColoredBox cbox;
7       cbox.SetColor(yellow);          //使用自己的成员函数
8       cbox.SetWidth(150);             //使用基类的成员函数
9       cbox.SetHeight(100);            //使用基类的成员函数
```

```
10        cbox.SetLength(30);                           //使用基类的成员函数
11
12        cout << "cbox:" << endl;
13        cout << "Color:" << cbox.GetColor() << endl;   //使用自己的成员函数
14        cout << "Width:" << cbox.GetWidth() << endl;   //使用基类的成员函数
15        cout << "Height:" << cbox.GetHeight() << endl; //使用基类的成员函数
16        cout << "length:" << cbox.GetLength() << endl; //使用基类的成员函数
17        return 0;
18        }
```

运行结果：

```
cbox:
Color:3
Width:150
Height:100
length:30
Press any key to continue
```

3. 编写一个汽车类 vehicle，包含的数据成员有车轮个数 wheels 和车重 weight。小车类 car 是 vehicle 类的派生类，其中包含载人数 passenger_load。卡车类 truck 是 vehicle 的派生类，其中包含载人数 passenger_load 和载重量 payload，每个类都有相关数据的输出方法。

参考答案：

问题分析

该程序首先声明一个基类 vehicle 并令其包含两个数据成员和相应的构造函数和其他成员函数，然后在 vehicle 类的基础上派生出 car 类和 vehicle 类并添加相应的新成员数据和成员函数，该题不需要运行和输出结果。

编写程序

```
1   class vehicle              //定义汽车类
2   {
3   protected:
4       int wheels;            //车轮数
5       float weight;          //重量
6   public:
7       vehicle(int, float);
8       int get_wheels();
9       float get_weight();
10      float wheel_load();
11      void show();
12  };
13  class car :public vehicle  //定义小车类
14  {
```

```
15        int passenger_load;              //载人数
16  public:
17        car(int, float, int = 4);
18        int get_passengers();
19        void show();
20  };
21  class truck :public vehicle          //定义卡车类
22  {
23        int passenger_load;              //载人数
24        float payload;                   //载重量
25  public:
26        truck(int, float, int = 2, float = 24000.00);
27        int get_passengers();
28        float efficiency();
29        void show();
30  };
31  vehicle::vehicle( int a, float b)
32  {
33        wheels = a;
34        weight = b;
35  }
36  int vehicle::get_wheels()
37  {
38        return wheels;
39  }
40  float vehicle::get_weight()
41  {
42        return weight / wheels;
43  }
44  void vehicle::show()
45  {
46        cout << "车轮:" << wheels << "个" << endl;
47        cout << "重量:" << weight << "千克" << endl;
48  }
49  car::car(int a, float b, int c) :vehicle(a, b)
50  {
51        passenger_load = c;
52  }
53  int car::get_passengers()
54  {
55        return passenger_load;
56  }
57  void car::show()
58  {
59        cout << "车型:小车" << endl;
60        vehicle::show();
61        cout << "载人:" << passenger_load << "人" << endl;
62        cout << endl;
63  }
```

```
64  truck::truck(int a, float b, int c, float d) :vehicle(a,
65  b)
66  {
67      passenger_load = c;
68      payload = d;
69  }
70  int truck::get_passengers()
71  {
72      return passenger_load;
73  }
74  float truck::efficiency()
75  {
76      return payload / (payload + weight);
77  }
78  void truck::show()
79  {
80      cout << "车型:卡车" << endl;
81      vehicle::show();
82      cout << "载人:" << passenger_load << "人" << endl;
83      cout << "效率:" << efficiency() << endl;
84      cout << endl;
85      }
```

4. 利用第 3 题中声明的 car 类和 truck 类,编制一个完整程序,在 main 函数中定义一个 4 个车轮、车重 2000kg、最多载 5 人的 car 类对象和 10 个车轮、车重 8000kg、最多载 3 人、最大载重量 340 000kg 的 truck 类对象,在显示器中显示这两个对象的全部信息。

参考答案:

问题分析

该程序是利用第 3 题的类,编制一个完整程序并输出结果。

编写程序

```
1   #include<iostream>
2   #include<string>
3   using namespace std;
4   //car 类和 truck 类代码略(将第 3 题中的代码复制过来即可)
5   int main()
6   {
7       car car1(4, 2000, 5);
8       truck tru1(10, 8000, 3, 340000);
9       cout << "输出结果" << endl;
10      car1.show();
11      tru1.show();
12      return 0;
13  }
```

运行结果：

输出结果
车型：小车
车轮：4 个
重量：2000 千克
载人：5 人

车型：卡车
车轮：10 个
重量：8000 千克
载人：3 人
效率：0.977012

5. 创建一个 Person 类作为一般注册人员，Person 类成员数据包括：身份证号（IdPerson）、姓名（Name）、性别（Sex）、出生日期（Birthday）、家庭地址（HomeAddress）等；成员函数包括：带参数的构造函数和不带参数的默认构造函数、身份证号码赋值函数（SetId）和提取函数（GetId）、姓名赋值函数（SetName）和提取函数（GetName）、性别赋值函数（SetSex）和提取函数（GetSex）、出生日期赋值函数（SetBirth）和提取函数（GetBirth）、家庭地址赋值函数（SetHomeAdd）和提取函数（GetHomeAdd）等。派生一个学生类，为派生类添加学号和 30 门考试成绩成员数据，并添加学生成绩（SetCourse）和取得学生成绩（GetCourse）成员函数、屏幕输出学生信息（PrintStudentInfo）成员函数、带参数的学生类构造函数和不带参数的默认构造函数等。

参考答案：

问题分析

应该首先声明一个枚举类型 Tsex，用于定义性别变量。声明一个基类 Person 并令其包含两个数据成员和相应的构造函数和其他成员函数。然后在 Person 类的基础上派生出 Student 类并添加相应的新成员数据和成员函数。该题不需要运行和输出结果。

编写程序

```
1    enum Tsex{ mid, man, woman };
2    struct course
3    {
4        string coursename;
5        int grade;
6    };
7    class Person
8    {
9        string IdPerson;           //身份证号,18 位数字
10       string Name;               //姓名
11       Tsex Sex;                  //性别
12       int Birthday;              //生日,格式 1986 年 8 月 18 日写作 19860818
13       string HomeAddress;        //家庭地址
14   public:
```

```
15        Person(string, string, Tsex, int, string);
16        Person();
17        ~Person();
18        void SetName(string);
19        string GetName(){ return Name; }
20        void SetSex(Tsex sex){ Sex = sex; }
21        Tsex GetSex(){ return Sex; }
22        void SetId(string id){ IdPerson = id; }
23        string GetId(){ return IdPerson; }
24        void SetBirth(int birthday){ Birthday = birthday; }
25        int GetBirth(){ return Birthday; }
26        void SetHomeAdd(string);
27        string GetHomeAdd(){ return HomeAddress; }
28        void PrintPersonInfo();
29   };
30   //基类的构造函数和析构函数
31   Person::Person(string id, string name, Tsex sex, int birthday, string homeadd)
32   {
33        IdPerson = id;
34        Name = name;
35        Sex = sex;
36        Birthday = birthday;
37        HomeAddress = homeadd;
38   }
39   Person::Person()
40   {
41        IdPerson = "#"; Name = "#"; Sex = mid;
42        Birthday = 0; HomeAddress = "#";
43   }
44   Person::~Person(){}      //string 内部动态数组的释放，由 string 自带的析构函数完成
45   //基类的其他成员函数
46   void Person::SetName(string name)
47   {
48        Name = name;                       //复制新姓名
49   }
50   void Person::SetHomeAdd(string homeadd)
51   {
52        HomeAddress = homeadd;
53   }
54   void Person::PrintPersonInfo()
55   {
56        int i;
57        cout << "身份证号:" << IdPerson << '\n' << "姓名:" << Name << '\n' << "性别:";
58        if (Sex == man)cout << "男" << '\n';
59        else if (Sex == woman)cout << "女" << '\n';
60        else cout << " " << '\n';
61        cout << "出生年月日:";
62        i = Birthday;
63        cout << i / 10000 << "年";
```

```
64        i = i % 10000;
65        cout << i / 100 << "月" << i % 100 << "日" << '\n' << "家庭住址:" << HomeAddress
66  << '\n';
67  }
68  //派生的学生类的定义方式和构造函数
69  class Student :public Person
70  { //定义派生的学生类
71        string NoStudent;                        //学号
72        course cs[30];                           //30 门课程与成绩
73  public:
74        Student(string id, string name, Tsex sex, int birthday, string homeadd, string nostud);
75        //注意派生类构造函数声明方式
76        Student();
77        ~Student();
78        int SetCourse(string, int);
79        int GetCourse(string);
80        void PrintStudentInfo();
81  }; //这里省略了一些成员函数,如赋学号、取学号等
82  Student::Student(string id, string name, Tsex sex, int birthday, string homeadd, string nostud)
83  :Person(id, name, sex, birthday, homeadd)
84  { //注意 Person 参数表不用类型
85        int i;
86        NoStudent = nostud;
87        for (i = 0; i < 30; i++){            //课程与成绩清空,将来由键盘输入
88             cs[i].coursename = "#";
89             cs[i].grade = 0;
90        }
91  }
92  Student::Student()
93  {                                       //基类默认的无参数构造函数不必显式给出
94        int i;
95        NoStudent = "#";
96        for (i = 0; i < 30; i++){            //课程与成绩清空,将来由键盘输入
97             cs[i].coursename = "#";
98             cs[i].grade = 0;
99        }
100 }
101 Student::~Student(){}                    //基类析构函数以及成员对象析构函数自动调用
102 //最后是学生类的其他成员函数(作为学生类并不完整):
103 int Student::SetCourse(string coursename, int grade)
104 { //设置课程
105       int i;
106       bool b = false;                     //标识新输入的课程,还是更新成绩
107       for (i = 0; i < 30; i++){
108            if (cs[i].coursename == "#"){
109                                            //判断表是否进入未使用部分
110                 cs[i].coursename = coursename;
111                 cs[i].grade = grade;
112                 b = false;
```

```
113                 break;
114             }
115             else if (cs[i].coursename == coursename){
116                                     //是否已有该课程记录
117                 cs[i].grade = grade;
118                 b = true;
119                 break;
120             }
121         }
122     if (i == 30) return 0;          //成绩表满返回 0
123     if (b) return 1;               //修改成绩返回 1
124     else return 2;                 //登记成绩返回 2
125 }                                  //如需添加删除课程函数,应按顺序表方式删除课程
126 int Student::GetCourse(string coursename)
127 {
128     int i;
129     for (i = 0; i < 30; i++) if (cs[i].coursename == coursename) return cs[i].grade;
130     return -1;
131 }                                  //找到返回成绩,未找到返回 -1
132 void Student::PrintStudentInfo()
133 {
134     int i;
135     cout << "学号:" << NoStudent << '\n';
136     PrintPersonInfo();
137     for (i = 0; i < 30; i++)        //打印各科成绩
138     if (cs[i].coursename != "#")cout << cs[i].coursename << '\t' << cs[i].grade << '\n';
139     else break;
140     cout << " -------- 完 -------- " << endl;
141     }
```

6. 利用第 5 题中声明的 Student 类,编制一个完整程序,在 main 函数中定义一个学生类对象 stud,用其构造函数给 stud 赋身份证号、姓名、性别、出生日期、家庭地址等,用 Student 类的成员函数为 stud 对象赋三门课程成绩,在显示器中显示 stud 的全部信息。

参考答案:

问题分析

该程序是利用第 5 题的类,编制一个完整程序并输出结果。

编写程序

```
1   # include < iostream >
2   # include < string >
3   using namespace std;
4   //Person 类和 Student 类代码略(将第 5 题中的代码复制过来即可)
5   int main()
6   {
7       Student stud("31040219951226××××", "ZhangQiang", man, 19951226, "777 Guoding
```

```
8    Rd.", "20151140201");
9        stud.SetCourse("math", 98);
10       stud.SetCourse("economics", 87);
11       stud.SetCourse("e-business", 79);
12       stud.SetCourse("C++", 96);
13       stud.PrintStudentInfo();
14       return 0;
15       }
```

运行结果：

```
学号:20151140201
身份证号:31040219951226××××
姓名:ZhangQiang
性别:男
出生年月日:1995 年 12 月 26 日
家庭住址:777 Guoding Rd.
math        98
economics            87
e-business              79
C++        96
-------- 完 --------
```

7. 创建 Circle 类并能设置和取得 Circle 类对象的圆心坐标和半径值，能够计算 Circle 类对象的面积和圆周长；创建直线（Line）类并能够设置和取得直线的长度；由圆和高多重继承派生出圆锥，计算和显示圆锥的体积和表面积。

参考答案：

问题分析

应该首先声明一个基类 Circle 并令其包含 3 个成员数据和相应的构造函数及其他成员函数，再生成一个 Line 类并令其包含 1 个成员数据和相应的构造函数及其他成员函数，然后在 Circle 和 Line 类的基础上派生出 Cone 类并添加相应的新的成员数据和成员函数。最后在 main 函数中创建对象，检查运行结果。

编写程序

```
1    #include<iostream>
2    #include<cmath>
3    using namespace std;
4    class Circle
5    {
6    protected:
7        float x, y, r;                    //(x,y)为圆心,r 为半径
8    public:
9        Circle(float a = 0, float b = 0, float R = 0){ x = a; y = b; r = R; }
10       void Setcoordinate(float a, float b){ x = a; y = b; }
```

```
11      void Getcoordinate(float &a, float &b){ a = x; b = y; }
12      void SetR(float R){ r = R; }
13      float GetR(){ return r; }
14      float GetAreaCircle(){ return float(r * r * 3.14159); }
15      float GetCircumference(){ return float(2 * r * 3.14159); }
16  };
17  class Line
18  {
19  protected:
20      float High;
21  public:
22      Line(float a = 0){ High = a; }
23      void SetHigh(float a){ High = a; }
24      float GetHigh(){ return High; }
25  };
26  class Cone :public Circle, public Line
27  {
28  public:
29      Cone(float a, float b, float R, float d) :Circle(a, b, R), Line(d){}
30      float GetCV(){ return float(GetAreaCircle() * High / 3); }
31      float GetCA(){
32          return float(GetAreaCircle() + r * 3.14159 * sqrt(r * r + High * High));
33      }//共有派生类中能直接访问直接基类的保护成员
34  };
35  int main(){
36      Cone c1(5, 8, 3, 4);
37      float a, b;
38      cout << "圆锥体积:" << c1.GetCV() << '\n';
39      cout << "圆锥表面积:" << c1.GetCA() << '\n';
40      cout << "圆锥底面积:" << c1.GetAreaCircle() << '\n';
41      cout << "圆锥底周长:" << c1.GetCircumference() << '\n';
42      cout << "圆锥底半径:" << c1.GetR() << '\n';
43      c1.Getcoordinate(a, b);
44      cout << "圆锥底圆心坐标:(" << a << ',' << b << ")\n";
45      cout << "圆锥高:" << c1.GetHigh() << '\n';
46      return 0;
47      }
```

运行结果：

圆锥体积:37.6991
圆锥表面积:75.3982
圆锥底面积:28.2743
圆锥底周长:18.8495
圆锥底半径:3
圆锥底圆心坐标:(5,8)
圆锥高:4

第 **9** 章

多态和虚函数

思考题

1. 顶层函数(公共函数)是否可以声明为虚函数？为什么？

参考答案：

在 C++中只有类中的成员函数能被声明为虚函数,而顶层函数则不能声明为虚函数,原因很简单,声明虚函数是为了构成多态,而构成多态的第一个条件就是需要继承关系,顶层函数很明显是不具有继承关系的,因此也就不能被声明为虚函数了。

2. 构造函数是成员函数吗？能否声明为虚函数？为什么？

参考答案：

在类中,构造函数是类的成员函数,并且尽管在声明类的时候声明,实际上是实例化对象的,用于初始化对象及相关操作。构造函数是不能声明为虚函数的,因为在执行构造函数前对象尚未完成创建,虚函数表尚不存在,此时就无法去查询虚函数表,因此也就无法得知该调用哪一个构造函数了。

3. 有人说多态会降低程序运行效率,为什么？

参考答案：

使用多态会降低程序运行效率。使用多态的程序会使用更多的存储空间、存储虚函数表等内容,而且在调用函数时需要去虚函数表中查询函数入口地址,这会增加程序运行时间。在设计程序时,程序设计人员可以选择性地使用多态,对于有需要的函数使用多态,对于其他的函数则不要采用多态。通常情况下,如果一个类需要作为基类,并期望在派生类中修改某成员函数的功能,同时在使用类对象的时候会采用指针或引用的形式访问该函数,则将该函数声明为虚函数。

4. 静态成员函数是否可以声明为虚函数？为什么？

参考答案：

只有非静态成员函数才可以成为虚函数,而静态成员函数不能声明为虚函数,因为静态成员函数对于每个类来说只有一份代码,所有的对象都共享这一份代码,它也没有要动态绑定的必要性。静态成员函数不能被继承,只属于该类。

5. 友元函数是否可以声明为虚函数？为什么？

参考答案：

因为 C++ 不支持友元函数的继承,对于没有继承特性的函数没有虚函数的说法。友元函数不属于类的成员函数,不能被继承。

6. 什么是覆盖？什么是多态？覆盖和多态之间是什么关系？

参考答案：

覆盖构成条件和多态构成条件是相同的,覆盖是一种函数间的表现关系,而多态描述的是函数的一种性质,二者所描述的其实是同一种语法现象。

覆盖首先要求有继承关系,其次是要求构成继承关系的两个类中必须具有相同函数签名的成员函数,并且这两个成员函数必须是虚成员函数。具备这两个条件后,派生类中的虚成员函数则会覆盖基类中的同名虚成员函数。如果通过基类指针或引用来调用虚成员函数,则会形成多态。

7. 什么是纯虚成员函数？什么是抽象基类？抽象基类的用途是什么？

参考答案：

纯虚成员函数没有函数体,只有函数声明,在纯虚函数声明结尾加上"＝0"表明此函数为纯虚成员函数。包含纯虚成员函数的类即为抽象基类,之所以说它抽象,是因为它无法实例化,也即无法用于创建对象。

不能定义对象的抽象基类并不是完全无用的,可以定义指向抽象类的指针变量指向来自其子类的对象。

练习题

1. 以下是一个基类 People 和继承类 Teacher 的实例代码及其输出结果：

```
1  # include < iostream >
2  using namespace std;
3  //基类 People
```

```
4  class People
5  {
6  public:
7      People(char * name, int age);
8      void display();
9  protected:
10     char * m_name;
11     int m_age;
12 };
13 People::People(char * name, int age) : m_name(name), m_age(age){}
14 void People::display()
15 {
16     cout << m_name << "今年" << m_age << "岁了,是个无业游民." << endl;
17 }
18 //派生类 Teacher
19 class Teacher : public People{
20 public:
21     Teacher(char * name, int age, int salary);
22     void display();
23 private:
24     int m_salary;
25 };
26 Teacher::Teacher(char * name, int age, int salary) : People(name, age), m_salary(salary){}
27 void Teacher::display()
28 {
29     cout << m_name << "今年" << m_age << "岁了,是一名教师,每月有" << m_salary
30 << "元的收入." << endl;
31 }
32 int main()
33 {
34     People * p = new People("王志刚", 23);
35     p->display();
36     delete p;
37     p = new Teacher("赵宏佳", 45, 8200);
38     p->display();
39     delete p;
40     return 0;
41 }
```

运行结果:

王志刚今年 23 岁了,是个无业游民.
赵宏佳今年 45 岁了,是个无业游民.

程序符合基类指针可以指向派生类的规则,但输出了不伦不类的结果(赵宏佳本来是一名老师,输出结果却显示是无业游民),不符合预期。请修改以上程序使其符合预期。

参考答案：

问题分析

该程序在 main 函数中，基类指针指向派生类对象，用基类指针引用 display 函数，实际上引用的是基类的 display 函数，并不是派生类的成员函数，所以输出了不伦不类的结果。解决方法是将基类的 display 函数声明为虚函数即可。

编写程序

```
1   # include < iostream >
2   using namespace std;
3   //基类 People
4   class People
5   {
6   public:
7       People(char * name, int age);
8       virtual void display();
9   protected:
10      char * m_name;
11      int m_age;
12  };
13  People::People(char * name, int age) : m_name(name), m_age(age){}
14  void People::display()
15  {
16      cout << m_name << "今年" << m_age << "岁了,是个无业游民." << endl;
17  }
18  //派生类 Teacher
19  class Teacher : public People{
20  public:
21      Teacher(char * name, int age, int salary);
22      void display();
23  private:
24      int m_salary;
25  };
26  Teacher::Teacher(char * name, int age, int salary) : People(name, age), m_salary(salary){}
27  void Teacher::display()
28  {
29      cout << m_name << "今年" << m_age << "岁了,是一名教师,每月有" << m_salary
30      << "元的收入." << endl;
31  }
32  int main()
33  {
34      People * p = new People("王志刚", 23);
35      p->display();
36      delete p;
37      p = new Teacher("赵宏佳", 45, 8200);
38      p->display();
39      delete p;
```

```
40      return 0;
41  }
```

运行结果：

王志刚今年 23 岁了，是个无业游民.
赵宏佳今年 45 岁了，是一名教师，每月有 8200 元的收入.

2. 一套不完备的程序代码如下：

```
1   # include < iostream >
2   using namespace std;
3   //TXT 文件类
4   class TxtFile {
5   public:
6       void open(){ cout << "Open The File With notepad. exe!" << endl; }
7   };
8   //Doc 文件类
9   class DocFile {
10  public:
11      void open(){ cout << "Open The File With word. exe!" << endl; }
12  };
13  int main()
14  {
15      TxtFile txtf;
16      DocFile docf;
17      DoubleClick(&txtf);
18      DoubleClick(&docf);
19      return 0;
20  }
```

其中声明了 TxtFile 和 DocFile 两个类，main 函数中创建了 TxtFile 类对象 txtf 和 DocFile 类对象 docf，DoubleClick 是一个顶层函数（公用函数），希望当 DoubleClick 中参数是 &txtf 时显示"Open The File With notepad. exe!"，当 DoubleClick（ ）中参数是 &docf 时显示"Open The File With word. exe!"。请编写 DoubleClick 函数的定义代码并修改 TxtFile 和 DocFile 类的声明方式（可以改为派生类）完成以上功能。

也就是，添加 DoubleClick 函数的定义并修改 TxtFile 和 DocFile 类的声明方式后的运行结果是：

```
Open The File With notepad. exe!
Open The File With word. exe!
```

参考答案：

问题分析

原程序没有多态的功能，该练习题是希望通过添加代码和修改代码，实现多态功能。

为此需要先声明一个含有虚函数的基类 File，再声明一个名字为 DoubleClick 的顶层函数（公共函数），该函数的形式参数是基类指针变量，用于指向派生类对象 docf 和 txtf 实现多态功能。

编写程序

```
1   #include <iostream>
2   using namespace std;
3   //基类 File
4   class File
5   {
6   public:
7       virtual void open(){ cout << "Open The file without ExecuteFile!" << endl; }
8   };
9   //TXT 文件类
10  class TxtFile : public File{
11  public:
12      void open(){ cout << "Open The File With notepad.exe!" << endl; }
13  };
14  //Doc 文件类
15  class DocFile : public File{
16  public:
17      void open(){ cout << "Open The File With word.exe!" << endl; }
18  };
19  //顶层函数(普通函数)
20  void DoubleClick(File * p)
21  {
22      p->open();
23  }
24  int main()
25  {
26      TxtFile txtf;
27      DocFile docf;
28      DoubleClick(&txtf);
29      DoubleClick(&docf);
30      return 0;
31  }
```

运行结果：

```
Open The File With notepad.exe!
Open The File With word.exe!
```

3. 定义猫科动物 Animal 类，由其派生出猫类(Cat)和豹类(Leopard)，二者都包含虚函数 Speak( )，要求根据派生类对象的不同调用各自重载后的成员函数。

参考答案:

问题分析

该程序首先声明一个基类 Animal,因为不需要用该基类创建对象,所以可以声明一个纯虚函数,这样这个基类就是一个抽象基类。然后,定义基类指针指向派生类对象,实现多态功能。

编写程序

```
1   # include < string >
2   # include < iostream >
3   using namespace std;
4   class Animal
5   {
6   public:
7       virtual void Speak() = 0;
8   };
9   class Cat : public Animal
10  {
11      void Speak()
12      {
13          cout << "My name is Cat" << endl;
14      }
15  };
16  class Leopard : public Animal
17  {
18      void Speak()
19      {
20          cout << "My name is Leopard" << endl;
21      }
22  };
23  int main()
24  {
25      Animal * pa;
26      Cat cat;
27      pa = &cat;
28      pa -> Speak();
29      Leopard leopard;
30      pa = &leopard;
31      pa -> Speak();
32      return 0;
33  }
```

运行结果:

```
My name is Cat
My name is Leopard
```

4. 假设公司基本工资系统声明了具有姓名(name,char * 类型)和工资额(salary,int 类型)的两个成员数据的类 Employee_salary,每月发放一次工资,工资额暂时均为 10 000 元;现在部门 1 要求对其部门员工,遇到过生日月份多发 1000 元,部门 2 要求对其部门员工,遇到过生日月份多发 2000 元。请设计一个具有多态和组合的程序,遇到非部门 1 和部门 2 的员工,按照原暂定工资发放,遇到部门 1 或部门 2 的员工,按照他们部门的要求发放。

参考答案:

问题分析

该程序首先声明一个基类 Employee_salary,这个类可以创建对象,用于代表非部门 1 和部门 2 的员工,Getsalary 为获取工资额的函数,将该函数声明为虚函数,以便在派生类中能对这个函数重新定义,实现不同部门不同的工资额。

编写程序

```
1   # include < iostream >
2   using namespace std;
3   class Date
4   {
5   public:
6       int year;
7       int month;
8       int day;
9   };
10  class Employee_salary
11  {
12  protected:
13      char * name;
14      int salary;
15  public:
16      Employee_salary(char * n, int s)
17      {
18          name = new char[strlen(n) + 1]; //create space for the name
19          strcpy(name, n); //copy firt argument into new space
20          salary = s;
21      }
22      virtual int Getsalary()
23      {
24          return salary;
25      };
26  };
27  class Employee_salary_dep1 : public Employee_salary
28  {
29  public:
30
31      Employee_salary_dep1(char * n, int s, Date * b, int m) :Employee_salary(n, s)
32      {
```

```
33              birthData = * b;
34              month = m;
35          }
36          int Getsalary()
37          {
38              if (birthData.month == month)
39              {
40                  salary = salary + 1000;
41              }
42              return salary;
43          };
44      private:
45          Date birthData;
46          int month;
47      };
48      class Employee_salary_dep2 : public Employee_salary
49      {
50      public:
51
52          Employee_salary_dep2(char * n, int s, Date * b, int m) :Employee_salary(n, s)
53          {
54              birthData = * b;
55              month = m;
56          }
57          int Getsalary()
58          {
59              if (birthData.month == month)
60              {
61                  salary = salary + 2000;
62              }
63              return salary;
64          };
65      private:
66          Date birthData;
67          int month;
68      };
69      int main()
70      {
71      Employee_salary * p;
72      p = new Employee_salary("Wang Fang", 1000);
73      cout << p->Getsalary() << endl;
74      Date d;
75      d.year = 1978;
76      d.month = 11;
77      d.day = 26;
78      p = new Employee_salary_dep1("ZhangFei", 10000, &d, 11);
79      cout << p->Getsalary() << endl;
80      d.year = 1969;
81      d.month = 11;
```

```
82      d.day = 26;
83      p = new Employee_salary_dep2("ZhangQiang", 10000, &d, 11);
84      cout << p->Getsalary() << endl;
85      return 0;
86  }
```

运行结果：

```
1000
11000
12000
```

5. 声明一个股票类（stock），成员数据包括股票公司名称 name、昨日收盘价格（Lastprice）、涨停板价格（UpperLimitPrice）、跌停板价格（LowerLimitPrice），并且规定涨跌停板价格不超过昨日收盘价格的上下 10%；现在在交易所又规定连续三年亏损的股票为ST 股票，ST 股票涨跌停板价格不超过昨日收盘价格的上下 5%；请声明 ST 股票类（stockST），能够在 main 函数中根据股票对象是否属于 ST 股票，为其设置应有的涨跌停板价格，能够显示股票名称、股票昨日收盘价、涨停板价格、跌停板价格。

参考答案：

问题分析

该程序首先声明一个基类 stock，这个类可以创建对象，用于代表普通股票，涨跌停板是上下 10%，再声明一个派生类 stockST，继承于 stock，并对其涨停板重新定义。

编写程序

```
1   # include < iostream >
2   using namespace std;
3   # include < iomanip >
4   class stock
5   {
6   public:
7       stock(char * n, double p);
8       void display();
9       virtual void SetLimitPrice()
10      {
11          UpperLimitPrice = Lastprice * (1 + 0.1);
12          LowerLimitPrice = Lastprice * (1 - 0.1);
13      }
14  protected:
15      double Lastprice;
16      double UpperLimitPrice;          ///涨停板价
17      double LowerLimitPrice;          ///跌停板价
18      char * name;
19  };
20  class stockST : public stock
```

```
21 {
22 public:
23      stockST(char * n, double p) :stock(n, p){}
24      void SetLimitPrice()
25      {
26          UpperLimitPrice = Lastprice * (1 + 0.05);
27          LowerLimitPrice = Lastprice * (1 - 0.05);
28      }
29 };
30 void stock::display()
31 {
32      cout << setiosflags(ios::fixed) << setprecision(2);
33      cout << name << ", Lastprice: " << Lastprice;
34      cout << ", UpperLimitPrice:" << UpperLimitPrice;
35      cout << ", LowerLimitPrice:" << LowerLimitPrice << endl;
36 }
37 stock::stock(char * n, double p)
38 {
39      name = new char[strlen(n) + 1];      //create space for the name
40      strcpy(this -> name, n);             //copy argument into new space
41      Lastprice = p;
42 }
43 int main()
44 {
45      stock * p;
46      p = new stock("Facebook Inc.", 183.57);
47      p -> SetLimitPrice();
48      p -> display();
49      delete p;
50      p = new stockST("Union Pacific Company.", 183.57);     //new stockST("Union Pacific
51 Company", 15.78);
52      p -> SetLimitPrice();
53      p -> display();
54      delete p;
55      return 0;
56 }
```

运行结果：

Facebook Inc., Lastprice: 183.57, UpperLimitPrice:201.93, LowerLimitPrice:165.21
Union Pacific Company., Lastprice: 183.57, UpperLimitPrice:192.75, LowerLimitPrice:174.39

第 **10** 章

运算符重载

思考题

考虑下面的 Array 类,如何定义赋值运算符"＝"的重载? 注意处理可能造成的内存泄漏问题。

```cpp
class Array{
    int length;                      //数组大小
    int * data;
  public:
    Array( int len = 10):length(len){
        data = new int[len];         //申请内存
     }
    ~Array(){
        delete[] data;               //释放内存
        data = NULL;
     }
}
```

参考答案:

当程序运行过程中生成对象副本的时候,系统会自动调用拷贝构造函数。但在成员变量中存在指针变量的情况下,存在深拷贝和浅拷贝问题。因为当使用默认提供的拷贝构造函数或者对象的赋值操作的时候就会出现浅拷贝,从而导致析构的时候出现内存泄漏。具体来说,如在上面代码定义下,当创建一个对象时调用构造函数分配内存进行初始化,但用一个对象去初始化新对象时,C++编译器完成的是浅拷贝,即只是简单地对变量进行赋值,而对指针变量进行简单赋值只是将地址赋给新对象的指针变量,也就是说,两个对象的指针变量指向同一块内存空间。这样操作会造成3个问题：①对象生命期结束时调用析构则会对同一块内存释放两次，系统会崩溃，不调用则会造成内存泄漏；②修改一个地址造成其他的对象成员被修改；③当删除一个指针指向的内容，则另一个对象不能正常访问该指针指向内存中的内容。

解决这一问题的方法就是提供拷贝构造函数和赋值运算符重载函数，示例代码如下。

编写程序

```
1   //拷贝构造函数
2   Array::Array(const Array& n){
3           length = strlen(n.data);
4           data = new char[length + 1];
5           memcpy(data, n.data, length);
6           *(data + length) = '\0';
7   }
8
9   //赋值运算符重载函数
10  void Array::operator = (const Array& n){
11          if (data != NULL){
12              delete[] data;
13              data = NULL;
14              length = 0;
15          }
16          len = strlen(n.data);
17          data = new char[length + 1];
18          memcpy(data, n.data, length);
19          *(data + length) = '\0';
20  }
```

练习题

1. 用友元函数对二维向量重载双目运算符＋和单目运算符＋＋。

参考答案：

编写程序

```
1   #include <iostream>
2   using namespace std;
3   class vector
4   {
5       int x, y;
6   public:
7       vector();
8       vector(int x1, int y1);
```

```
9        void print();
10       friend vector operator++(vector& v1,int);        //单目运算符++重载函数原型
11       friend vector operator + (vector& v1,vector& v2);   //双目运算符＋重载函数原型
12 };
13 vector:: vector(){x = 0;y = 0;}
14 vector:: vector(int x1,int y1) {x = x1;y = y1;}
15 void vector::print(){cout <<"\n("<< x <<","<< y <<")";}
16 vector operator++(vector& v1,int)
17 {
18       vector v2(v1.x,v1.y);
19       v1.x++;
20       v1.y++;
21       return v2;
22 }
23 vector operator + ( vector& v1,vector& v2)
24 {
25       vector v0;
26       v0.x = v1.x + v2.x;
27       v0.y = v1.y + v2.y;
28       return v0;
29 }
30 int main()
31 {
32       vector v1(10,10);
33       v1.print();
34       vector v11;
35       v11 = v1++;                    //即 v11 = operator ++(v1,1);
36       v1.print();
37       v11.print();
38       vector v2(20,20);
39       (v1 + v2).print();            //即 operator + (v1,v2).print();
40       vector v3;
41       v3 = v1 + v2;                 //即 v3 = operator + (v1,v2);
42       v3.print();
43       v3++.print();                 //即 operator ++(v3,1).print();
44       return 0;
45 }
```

运行结果：

```
(10,10)
(11,11)
(10,10)
(31,31)
(31,31)
(31,31)
```

2. 用成员函数对二维向量重载双目运算符＋和单目运算符＋＋。

参考答案：

编写程序

```
1    # include < iostream >
2    using namespace std;
3    class vector
4    {
5        int x,y;
6    public:
7        vector();
8        vector(int x1,int y1);
9        void print();
10       vector operator++(int);          //单目运算符++重载函数原型
11       vector operator + (vector v);    //双目运算符 + 重载函数原型
12   };
13   vector::vector(){x = 0;y = 0;}
14   vector::vector(int x1,int y1){x = x1;y = y1;}
15   void vector::print(){cout <<"\n("<< x <<","<< y <<")";}
16   vector vector::operator++(int)
17   {
18       vector v2(x,y);
19       x++;
20       y++;
21       return v2;
22   }
23   vector vector::operator + (vector v)
24   {
25       vector v0;
26       v0. x = x + v. x;                //x 即 this - > x
27       v0. y = y + v. y;                //y 即 this - > y
28       return v0;
29   }
30   main()
31   {
32       vector v1(10,10);
33       v1. print();
34       vector v11;
35       v11 = v1++;                      //即 v11 = v1.operator ++(1);
36       v1. print();
37       v11. print();
38       vector v2(20,20);
39       (v1 + v2). print();             //即 v1.operator + (v2).print();
40       vector v3;
41       v3 = v1 + v2;                    //即 v3 = v1.operator + (v2);
42       v3. print();
43       v3++. print();                   //即 v3.operator ++(1).print();
44       return 0;
45   }
```

运行结果：

(10,10)
(11,11)
(10,10)
(31,31)
(31,31)
(31,31)

3. 对 RMB(人民币)类(含元和分两项)重载运算符＋实现两笔款相加；在给定本金和利率情况下，创建函数计算本利和。

参考答案：
编写程序

```
1    # include < iostream. h >
2    class RMB                                      //定义 RMB 类
3    {
4    public:
5        RMB(double d) {yuan = d; jf = (d - yuan) * 100;}    //构造函数
6        RMB(int d, int f) {yuan = d; jf = f;}              //构造函数
7        RMB interest(double rate);                          //计算利息成员函数原型
8        void display()                                       //显示人民币成员函数定义
9        {
10           double dd;
11           dd = (yuan + jf/100.0);
12           cout << dd << endl;
13       }
14       RMB operator + (RMB d)                               //双目运算符＋重载函数定义
15       {
16           RMB summ(0);
17           summ. yuan = yuan + d. yuan;
18           summ. jf = jf + d. jf;
19           if(summ. jf>100)
20               {summ. jf -= 100;
21                summ. yuan++;
22               }
23           return summ;
24       }
25   private:
26       unsigned int yuan;                                   //元
27       unsigned int jf;                                     //角分
28   };
29   RMB RMB::interest(double rate)                           //计算利息成员函数定义
30   {
31       return RMB((yuan + jf/100.0) * rate);
32   }
33   RMB expense(RMB principle,double rate)    //principle 表示本金,rate 表示利率
34   {
```

```
35        RMB interest = principle. interest(rate);
36        return principle + interest;
37  }
38  int main()
39  {
40        RMB x1  =  10000.40;
41        x1.display();
42        RMB x2(10000, 40);
43        x2.display();
44        RMB x =  x1 + x2;
45        x.display();
46        double yrate = 0.035;
47        expense(x, yrate).display();
48        return 0;
49  }
```

运行结果：

```
10000.4
10000.4
20000.8
20000.8
```

4. 定义复数类 Complex，包括两个 double 型的数据成员 real 和 image，要求对＋、－、＊、/四个运算符进行重载以实现复数的＋、－、＊、/运算，并在主函数中进行验证。

参考答案：
编写程序

```
1   # include < iostream >
2   using namespace std;
3   class Complex
4   {
5     private:
6        double real, image;
7     public:
8        Complex (double x = 0, double y = 0):real(x), image(y) {}
9        Complex operator + ( Complex & rhs) ;
10       Complex operator - ( Complex & rhs) ;
11       Complex operator * ( Complex & rhs) ;
12       Complex operator / ( Complex & rhs) ;
13  };
14  Complex Complex::operator + ( Complex & rhs)
15  {
16       Complex c;
17       c. real = this - > real + rhs. real;
18       c. image = this - > image + rhs. image;
```

```
19        cout <<"相加的结果为:"<< c.real <<(c.image >= 0?" + ":"")<< c.image <<"i"<< endl;
20        return c;
21  }
22  Complex Complex::operator - ( Complex & rhs)
23  {
24        Complex c;
25        c.real = this -> real - rhs.real;
26        c.image = this -> image - rhs.image;
27        cout <<"相减的结果为:"<< c.real <<(c.image >= 0?" + ":"")<< c.image <<"i"<< endl;
28        return c;
29  }
30  Complex Complex::operator * ( Complex & rhs)
31  {
32        Complex c;
33        c.real = this -> real * rhs.real - this -> image * rhs.image;
34        c.image = this -> real * rhs.image + this -> image * rhs.real;
35        cout <<"相乘的结果为:"<< c.real <<(c.image >= 0?" + ":"")<< c.image <<"i"<< endl;
36        return c;
37  }
38  Complex Complex::operator / ( Complex & rhs)
39  {
40        double m = rhs.real * rhs.real + rhs.image * rhs.image;
41        Complex c;
42        c.real = this -> real * rhs.real + this -> image * rhs.image;
43        c.image = this -> image * rhs.real - this -> real * rhs.image;
44        c.real/ = m;
45        c.image/ = m;
46        cout <<"相除的结果为:"<< c.real <<(c.image >= 0?" + ":"")<< c.image <<"i"<< endl;
47        return c;
48  }
49
50  int main()
51  {
52        Complex a(3,5),b(4,2);
53        (a + b);
54        (a - b);
55        (a * b);
56        (a/b);
57  }
```

运行结果:

相加的结果为: 7 + 7i
相减的结果为: - 1 + 3i
相乘的结果为: 2 + 26i
相除的结果为: 1.1 + 0.7i

5. 定义一个复数类 Complex,重载运算符"+",使之能用于复数的加法运算。参加运算的两个运算量可以都是复数类对象,也可以其中一个是整数,顺序任意。例如:c1+c2,c1+i,i+c1 均合法(其中 i 为整数,c1、c2 为复数)。在 main 函数中调用重载运算符,分别求两个复数之和、复数和整数之和。

参考答案:

编写程序

```cpp
1   # include < iostream >
2   using namespace std;
3   class Complex
4   {
5   public:
6       Complex(double r = 0,double i = 0):real(r),imag(i){};
7       friend Complex operator + (Complex &c1,Complex &c2);
8       friend Complex operator + (Complex &c,double i);
9       friend Complex operator + (double i,Complex &c);
10      friend ostream& operator << (ostream&,Complex&);        //声明重载运算符"<<"
11      friend istream& operator >> (istream&,Complex&);        //声明重载运算符">>"
12  private:
13      double real;
14      double imag;
15  };
16  Complex operator + (Complex &c1,Complex &c2)
17  {
18      return Complex(c1.real + c2.real,c1.imag + c2.imag);
19  }
20  Complex operator + (Complex &c,double i)
21  {
22      return Complex(i + c.real,c.imag);
23  }
24  Complex operator + (double i,Complex &c)
25  {
26       return Complex(i + c.real,c.imag);
27  }
28  ostream& operator << (ostream& output,Complex& c)           //定义重载运算符"<<"
29  {
30      output <<"("<< c.real <<" + "<< c.imag <<"i)";
31      return output;
32  }
33  istream& operator >> (istream& input,Complex& c)            //定义重载运算符">>"
34  {
35      cout <<"input real part and imaginary part of complex number:";
36      input >> c.real >> c.imag;
37      return input;
38  }
39  int main( )
40  {
```

```
41      Complex c1(3,4),c2(3,2),c3,c4,c5;
42      c3 = c1 + c2;
43      c4 = 5 + c2;
44      c5 = c1 + 5;
45      cout <<"c3 = "<< c3 << endl;
46      cout <<"c4 = "<< c4 << endl;
47      cout <<"c5 = "<< c5 << endl;
48      return 0;
49  }
```

运行结果：

```
c3 = (6 + 6i)
c4 = (8 + 2i)
c5 = (8 + 4i)
```

6. 编写程序，处理一个复数与一个 Class 数相加的运算，结果存放在一个 double 型的变量 d1 中，输出 d1 的值，再以复数形式输出此值。定义 Complex(复数)类，在成员函数中包含重载类型转换运算符：operator double(){ return real;}。

参考答案：

编写程序

```
1   # include < iostream >
2   using namespace std;
3   class Complex
4   {
5   public:
6       Complex(){ real = 0, imag = 0;}
7       Complex(double r){ real = r; imag = 0;}
8       Complex(double r, double i) { real = r; imag = i; }
9       operator double(){ return real; }
10      void display();
11  private:
12      double real;
13      double imag;
14  };
15  void Complex::display()
16  {
17      cout <<"("<< real;
18      if (imag >= 0)
19        cout <<" + ";
20      cout << imag <<"i)"<< endl;
21  }
22  int main()
23  {
24      Complex c0(2, 1);
```

```
25        double d0 = 1.8,d1;
26        d1 = c0 + d0;
27        cout <<"d1 = "<< d1 << endl;
28        cout <<"c0 + d0 = ";
29        Complex(d1).display();
30        return 0;
31  }
```

运行结果：

d1 = 3.8
c0 + d0 = (3.8 + 0i)

第**11**章

输入/输出流

思考题

创建一个输出流对象：ofstream os("myfile.txt",ios_base::out|ios_base::binary)，注意第二个参数里的按位或符号"|"，可以把此符号换成"&"吗？请思考并说明原因。

参考答案：

不可以。这里表示以二进制写方式打开文件，是以组合方式来设置文件的访问模式。C++对文件进行的 I/O 模式，是通过在 ios 中定义的枚举常量（例如，ios::out,ios::binary 和 ios::trunc 等）来确定的，需要以"|"来表示其组合模式，不用使用"&"。

练习题

1. 先把整型常量 128 和 1024 分别存放到两个整型变量中,用标准输出流对象 cout 调用 ios 类中的成员函数和使用 ios 类中的格式化常量进行输出格式控制,完成以下工作。

(1) 设置为八进制输出。

(2) 按八进制输出。

(3) 取消八进制输出设置,恢复按十进制输出。

(4) 按十进制输出。

(5) 设置为十六进制输出。

(6) 按十六进制输出。

(7) 取消十六进制输出设置,恢复按十进制输出。

（8）设置输出下一个数据的域宽为 10,按默认的右对齐输出(剩余位置填充空格字符)。

（9）设置输出下一个数据的域宽为 10,设置按左对齐输出。

（10）设置输出下一个数据的域宽为 10,设置填充字符为' * ',设置浮点数输出精度为 3,设置正数的正号输出。

参考答案:

编写程序

```
1    # include < iostream >
2    using namespace std;
3    int main()
4    {
5        int x = 128, y = 1024;
6        float z = 1.25;
7        cout << oct << x <<' '<< y << endl;          //设置为八进制输出,按八进制输出
8        cout.unsetf(ios::oct);
9        //取消八进制输出设置,恢复按十进制输出
10       cout << x <<' '<< y << endl;                 //按十进制输出
11       cout.setf(ios::hex);                         //设置为十六进制输出
12       cout << x <<' '<< y << endl;                 //按十六进制输出
13       cout.unsetf(ios:: hex);
14       //取消十六进制输出设置,恢复按十进制输出
15       cout << setw(10)<< x <<' '<< setw(10)<< y << endl;
16       //设置输出下一个数据的域宽为 10,按默认的右对齐输出
17       cout << setiosflags(ios::left);
18       cout << setw(10)<< x <<' '<< setw(10)<< y << endl;
19       //设置输出下一个数据的域宽为 10,设置按左对齐输出
20       cout.setf(ios::showpos);
21       cout << setprecision(3);
22       cout << setfill(' * ')<< setw(10)<< z << endl;
23       //设置输出下一个数据的域宽为 10,设置填充字符为' * '
24       //设置浮点数输出精度为 3,设置正数的正号输出
25       return 0;
26   }
```

运行结果:

```
200 2000
128 1024
80 400
       128       1024
128       1024
+ 1.25 *****
```

2. 将常量 127 和 3.1415926 分别存放到两个变量中,用标准输出流对象 cout 调用 ios 类中的成员函数和使用 ios 类中的格式化常量进行输出格式控制,完成以下工作。

（1）强制显示小数点和无效 0。

（2）恢复默认输出。

（3）设置按科学记数法输出。

（4）设置按定点表示法输出。

（5）恢复默认格式输出。

（6）设置十六进制输出。

（7）设置基指示符输出和数值中的字母大写输出。

（8）取消基指示符输出和数值中的字母大写输出，仍按十六进制输出。

（9）恢复按十进制输出。

参考答案：

编写程序

```
1   # include < iostream >
2   # include < iomanip >
3   using namespace std;
4   int main()
5   {
6       int x = 127;
7       float y = 3.1415926;
8       cout << x <<' '<< y << endl;
9       cout << setiosflags(ios::showpoint);
10      cout << x <<' '<< y << endl;
11      cout << resetiosflags(ios::showpoint);
12      cout << setiosflags(ios::scientific);
13      cout << x <<' '<< y << endl;
14      cout << resetiosflags(ios:: scientific);
15      cout << setiosflags(ios::fixed);
16      cout << x <<' '<< y << endl;
17      cout << resetiosflags(ios::fixed);
18      //恢复默认格式输出
19      cout << hex << x <<' '<< y << endl;          //按十六进制输出
20      cout << setiosflags(ios::showbase | ios::uppercase);
21      //设置基指示符和数值中的字母大写输出
22      cout << x <<' '<< y << endl;                 //仍按十六进制输出
23      cout << resetiosflags(ios::showbase | ios::uppercase);
24      //取消基指示符和数值中的字母大写输出
25      cout.unsetf(ios:: hex);                      //取消十六进制输出设置,恢复按十进制输出
26      cout << x <<' '<< y << endl;
27      return 0;
28  }
```

运行结果：

```
127 3.14159
127 3.14159
```

```
127 3,141593r + 000
127 3.141593
127 3.14159
7f 3.14159
0X7F 3.14159
127 14159
```

3. 向 C 盘根目录上的 prime. dat 文件输出 1~100 中的质数。

参考答案：

编写程序

```cpp
1    # include < iostream >
2    # include < stdlib. h >
3    # include < fstream >
4    # include < cmath >
5    # include < iomanip >
6    using namespace std;
7    int main(void)
8    {
9        bool isPrime(int m);
10       ofstream f("c:\\prime. dat");
11       if (!f) {                          //当 f 打开失败时进行错误处理
12       cerr <<" c:\\prime. dat file not open!"<< endl;
13       exit(1);
14       }
15       f << setw(5)<< 2;
16       int count = 1;
17       for( int i = 3; i <= 100; i += 2){
18           if (isPrime(i)){
19               f << setw(5)<< i;          //向 f 文件流输出 i 值
20               count++ ;
21           }
22           if(count % 10 == 0) f << endl;  //输出 10 个数后换行
23       }
24       f.close();                         //关闭 f 所对应的文件
25       return 0;
26   }
27
28   bool isPrime(int m){
29       bool tag = true;
30       int k = int(sqrt(m));
31       for( int i = 2; i <= k; i++)
32           if(m % i == 0) {
33               tag = false;
34               break;
35           }
36       return tag;
37   }
```

运行结果：

会在 C 盘根目录下产生一个文件名称为 prime.dat 的文件,该文件包含 1~100 中的质数,格式如下。

```
2   3   5   7   11  13  17  19  23  29
31  37  41  43  47  53  59  61  67  71
73  79  83  89  97
```

4. 输入若干行文本字符,直到按 Ctrl+F 组合键为止。把所有字符行存入到 C 盘根目录上 text.dat 文件中。Ctrl+F 组合键代表文件结束符 EOF。

参考答案：
编写程序

```
1   # include < iostream >
2   # include < stdlib. h >
3   # include < fstream >
4   # define ENDFILE 6              //Ctrl + F 的 ASCII 码值
5   using namespace std;
6   int main(void)
7   {
8       char ch;
9       ofstream f("c:\\text.dat");
10      if (!f)                     //当 f1 打开失败时进行错误处理
11      {
12          cerr <<"File of text.dat not open!"<< endl;
13          exit(1);
14      }
15      ch = cin.get();             //从 cin 流中提取一个字符到 ch 中
16      while(ch!= ENDFILE)
17      {
18          f.put(ch);              //把 ch 字符写入到 f 流中,此语句也可用 f << ch 代替
19          ch = cin.get();         //从 cin 流中提取下一个字符到 ch 中
20      }
21      f.close();                  //关闭 f 所对应的文件
22      return 0;
23  }
```

运行结果：

输入：**We love C++programming, shall we learn Python?** (按 **Ctrl+F** 组合键)

会在 C 盘根目录产生一个文件名称为 **text.dat** 的文件,用文本打开该文件内容如下：

We love C++programming, shall we learn Python?

5. 假定一个结构体数组 class 中的元素类型 student 包含表示姓名的字符指针域 name 和表示成绩的整数域 score,试编写一个函数把该数组中的 n 个元素输出到字符文件 c:\\class.dat 中。

参考答案:
编写程序

```
1    # include < iostream >
2    # include < stdlib. h >
3    # include < fstream >
4    # include < iomanip >
5    using namespace std;
6    struct student{
7        char * name;
8        int score;
9    };
10
11   void initializeClass(student * , int n);
12   void classOutFile(student * , int n);
13
14   int main()
15   {
16       const int Number = 3;
17       student Class[Number];
18       initializeClass(Class,Number);
19       classOutFile(Class,Number);
20       return 0;
21   }
22   void initializeClass(student * stu, int n){
23       cout <<"请输入学生信息(姓名和成绩):"<< endl;
24       for(int i = 0; i < n; i++){
25           stu[i].name = new char(20);
26           cin >> stu[i].name >> stu[i].score;
27       }
28   }
29   void classOutFile(student * stu, int n)
30   {
31       ofstream f("c:\\class.dat ");
32       if (!f)           //当 f 打开失败时进行错误处理
33       {
34           cerr <<"File of c:\\class.dat not open!"<< endl;
35           exit(1);
36       }
37       for(int i = 0; i < n; i++){
38           f << setw(10)<< stu[i].name << setw(5)<< stu[i].score << endl;
39           delete stu[i].name;
```

```
40            }
41      f.close();
42 }
```

运行结果：

请输入学生信息(姓名和成绩)：
Zhang 90
Wang 80
Li 86

会在 C 盘根目录产生一个文件名称为 class.dat 的文件，用文本打开该文件内容如下。

```
Zhang  90
 Wang  80
   Li  86
```

第 12 章

C++的异常处理

思考题

1. 为什么 C++要求获取内存最好放在构造函数中,而内存的释放在析构函数中?

参考答案:

申请和释放内存是 C++程序经常做的操作,但也容易疏忽而往往是申请了内存,但使用完却忘了释放,从而造成内存泄漏。C++中构造函数和析构函数的执行顺序恰好给这个问题的解决带来一个很好的方案。当定义(复制)一个对象时,首先是调用该对象的构造函数,而当一个对象生命期结束时会调用析构函数。我们把申请内存放在构造函数,而释放内存放在析构函数就可以避免上述内存泄漏的发生。

2. 为什么要有异常重新抛出?异常重新抛出与处理的次序及过程是怎样的?

参考答案:

当 catch 语句捕获一个异常后,可能不能完全处理异常,在完成某些操作后,catch 子句可能决定该异常必须由函数链中更上级的函数来处理,这时 catch 子句可以重新抛出(rethrow)该异常,把异常传递给函数调用链中更上级的另一个 catch 子句,由它进行进一步处理。rethrow 表达式仍为:throw;但仅有一个关键字,因为异常类型在 catch 语句中已经有了,不必再指明。被重新抛出的异常就是原来的异常对象。但是重新抛出异常的 catch 子句总是做了些工作,也应该把自己做过的工作告诉下一个处理异常的 catch 子句,所以往往要对异常对象做一定修改,以表达某些信息,这时 catch 子句中的异常声明必须被声明为引用,这样修改才能真正在异常对象自身中,而不是在拷贝中进行。

练习题

1. 当在 try 块中抛出异常后，程序最后是否回到 try 块中，继续执行后面的语句？

参考答案：

不会回到 try 块中。

2. 什么叫作栈展开（stack unwinding）？异常在其中按怎样的步骤寻求处理？

参考答案：

因发生异常而逐步退出复合语句和函数定义，被称为**栈展开**（**stack unwinding**）。栈展开才是异常处理的核心技术。

寻找匹配的 catch 子句有固定的过程：如果 throw 表达式位于 try 块中，则检查与 try 块相关联的 catch 子句列表，看是否有一个子句能够处理该异常，如果有匹配的，则该异常被处理；如果找不到匹配的 catch 子句，则在主调函数中继续查找。如果一个函数调用在退出时带有一个被抛出的异常未能处理，而且这个调用位于一个 try 块中，则检查与该 try 块相关联的 catch 子句列表，看是否有一个子句匹配，如果有，则处理该异常；如果没有，则查找过程在该函数的主调函数中继续进行。即这个查找过程逆着嵌套的函数调用链向上继续，直到找到处理该异常的 catch 子句。只要遇到第一个匹配的 catch 子句，就会进入该 catch 子句，进行处理，查找过程结束。

3. 简要说明以下程序的执行过程和运行结果。

```
1   # include < iostream. h >
2   class Sample
3   {
4       public:
5       Sample(){
6           cout << "Constructor" << endl;
7           throw 1;
8       }
9       ~Sample(){
10          cout << "Destructor" << endl;
11      }
12  };
13  void main(){
14      try{
15          Sample s;
16      }
17      catch(int){
18          cout << "出现异常情况" << endl;
19      }
20  }
```

参考答案：

执行 main()函数，执行 try 中的 Samples；语句，调用 Sample 类默认构造函数，先输出"Constructor"，抛掷出一个异常，由于此时对象 s 尚未完成构造，在抛掷出一个异常之前不会调用析构函数。catch(int)捕获到该异常。程序输出如下：

```
Constructor
出现异常情况
```

4. 简要说明以下程序的执行过程。

```
1   # include < iostream. h>
2   class Sample
3   {
4       public:
5       Sample(){
6           cout << "Constructor" << endl;
7       }
8       ~Sample(){
9           cout << "Destructor" << endl;
10      }
11  };
12  void main()
13  {
14      try{
15          Sample s;
16          throw 1;
17      }
18      catch(int){
19          cout << "出现异常情况" << endl;
20      }
21  }
```

参考答案：

执行 main()函数，执行 try 中的 Sample s；语句，调用 Sample 类默认构造函数，输出"Constructor"，对象 s 构造成功，抛掷出一个异常，由于此时对象 s 已构造好，因此在抛掷出一个异常之前调用析构函数。catch(int)捕获到该异常。程序输出如下：

```
Constructor
Destructor
出现异常情况
```

5. 编写一个程序，定义一个字符型数组 char str[20]，显示该数组指定下标的元素，并用异常处理机制检测下标超界的情况。

参考答案：

编写程序

```
1   # include < iostream >
2   using namespace std;
3   const int Boundary = 20;
4   char arrayCheck( int );
5   char str[20] = "abcdefghijklmnopqrs";
6   int main(){
7       try{
8           cout << "str[3] = " << arrayCheck(3) << endl;
9           cout << "str[7] = " << arrayCheck(7) << endl;
10          cout << "str[18] = " << arrayCheck(18) << endl;
11          cout << "str[20] = " << arrayCheck(20) << endl;
12      }
13      catch( int )
14      {
15          cout << "数组下标超界!" << endl;
16      }
17      return 0;
18  }
19
20  char arrayCheck( int index )
21  {
22      if ( index > = Boundary ) throw index;
23      return str[ index ];
24  }
```

运行结果：

```
str[3] = d
str[7] = h
str[18] = s
数组下标超界!
```

6. 编写一个程序，求一元二次方程的根，并用异常处理机制检测无实数根的情况。

参考答案：

编写程序

```
1   # include < iostream >
2   # include < cmath >
3   using namespace std;
4   double ssqrt( double delt ){
5       if ( delt < 0 )
6           throw 1;
7       return sqrt( delt );
```

```
8   }
9   int main()
10  {
11      double a, b, c, x1, x2, delt;
12      cout <<"请输入一元二次方程系数(a, b, c):"<< endl;
13      cin >> a >> b >> c;
14      try{
15          delt = ssqrt(b * b - 4 * a * c);
16          x1 = ( - b + delt)/(2 * a);
17          x2 = ( - b - delt)/(2 * a);
18          cout <<"x1 = "<< x1 <<" "<<"x2 = "<< x2 << endl;
19      }
20      catch( int)
21      {
22          cout << "没有实数根!" << endl;
23      }
24      return 0;
25  }
```

运行结果：

请输入一元二次方程系数(a, b, c):
3   5   8
没有实数根!

第2部分 《经济管理中C++程序设计》(第2版)课程实验

实验 一

宰相的麦子问题

1. 问题描述

相传古印度宰相达依尔是国际象棋的发明者。有一次，国王因为他的贡献要奖励他，问他想要什么。达依尔说："如果可以的话，陛下就给我一些麦子吧！在棋盘的第一格放一粒麦子，第二格放两粒麦子，第三格放四粒麦子，第四格放八粒麦子，以此类推。"于是国王就吩咐属下去拿麦子，可是拿来的一袋麦子很快就放完了。如果一粒麦子的平均重量在 0.02g，请你帮国王算一下，大臣要的这些麦子一共有多重？

2. 问题分析

这是一个典型的"算"的问题，也就是按照问题描述，第一个格放的麦子数是 1，第二个格放的麦子数是 $1×2$，第三个格放的麦子数是 $1×2×2$，…，第 n 个格放的麦子数是 $1×2×2×2$…总共 n 个 2 相乘。也就是该问题就是要求 $1+2+4+…+2^{63}$ 的和。

为此设计程序框图如图 1-1 所示。

在设计程序框图的同时，还需要考虑每个变量的数据类型或存放方式，因为 item 和 sum 值可能很大，因而用 double 类型，其他用整型(int)类型。

3. 编制程序

在图 1-1 程序框图的基础上，设计程序如下。

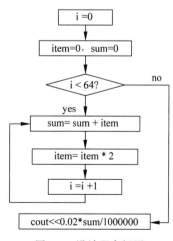

图 1-1 设计程序框图

```
1    # include < iostream >
2    using namespace std;
3    int main()
4    {
5        double item = 1;
6        double sum = 0;
7        for (int i = 0; i < 64; i++)
8        {
9            sum = sum + item;
10           item = item * 2;
11       }
12       cout << "这些麦子重" << sum * 0.02 / 1000000 << "吨." << endl;
13       return 0;
14   }
```

4. 运行结果

这些麦子重 $3.68935e + 011$ 吨.

实验 二

查找上市公司文件数据问题

1. 问题描述

Peter 是一个股票投资人,每天要阅读上市公司报告。他请你帮他编写一个程序,帮助他查找某些文字(字符串)是否在某个文件中。如果存在,则告知匹配的第一个字符所在位置;如果没有,则告知不存在。例如,600688.txt 文件内容如图 2-1 所示。

新德利资讯 TEL:(0755)5873700 (021)65216676 (010)65958548 (023)68800070
***************************公司概况****************************
 1. 公司名称:上海石油化工股份有限公司
 2. 证券简称:上海石化(600688)
 3. 板块类别:工业类　上证 30 指数股
 4. 行业类别:化工-->石油化工
 5. 上市地点:上海证券交易所
 6. Date:1993/11/08
 7. 上市推荐:上海万国证券公司
 8. 主承销商:上海万国证券公司
 9. 副主承销商:国泰证券有限公司　深圳国际信托投资公司
10. 最近一次配股主承销商:
11. 公司注册地址:上海市、金山区、金山卫、纬二路
12. 公司办公地址:上海市、金山区、金山卫、纬二路
13. 公司联系电话:021-57943143　fax:57940050
14. 法人代表:陆益平
15. 审计机构:毕马威华振会计师事务所
16. 经营范围:主营:原油加工、油品、化工产品、合成纤维及单体、塑料及制品

图 2-1　600688.txt 文件内容

他要查找的文字："Date"。

查询结果：该文件中，含有"Date"字符串，该字符串在文件的第 8 行，第 5 列。

2. 问题分析

该问题的核心部分是字符串匹配的问题，也就是从文本文件中读取字符串作为主串，然后在主字符串中查找子串的位置。穷举法可以说是"找"问题的基本解决方法。首先拿子字符串的第一个字符和主串中的第一个字符、第二个字符、第三个字符等进行比对；如果首个字符比对成功，把首个字符的位置固定，然后依次向后比对第二个、第三个等字符串是否符合，如果子串的字符全都匹配成功，说明存在该子串。如果第二个、第三个或第四个等匹配不成功，则此次比对失败，重新从第一个开始比对。从主串" Iamawriter, whataboutyou"中查找子串"what"的过程如图 2-2 所示。

I	a	m	a	w	r	i	t	e	r	,	w	h	a	t	……
I	a	m	a	w	r	i	t	e	r	,	w	h	a	t	……
I	a	m	a	w	r	i	t	e	r	,	w	h	a	t	……
I	a	m	a	w	r	i	t	e	r	,	w	h	a	t	……
I	a	m	a	w	r	i	t	e	r	,	w	h	a	t	……
I	a	m	a	w	r	i	t	e	r	,	w	h	a	t	……
I	a	m	a	w	r	i	t	e	r	,	w	h	a	t	……
I	a	m	a	w	r	i	t	e	r	,	w	h	a	t	……
I	a	m	a	w	r	i	t	e	r	.	w	h	a	t	……
I	a	m	a	w	r	i	t	e	r	,	w	h	a	t	……
I	a	m	a	w	r	i	t	e	r	,	w	h	a	t	……
I	a	m	a	w	r	i	t	e	r	,	w	h	a	t	……

图 2-2　文字查找逻辑示意图

为此，设计图 2-3 中的程序流程图。并设计一个函数完成此项工作，函数原形为：

```
int FindThePositionOf(const char orgstr[],  const char substr[]);
```

其中，orgstr[]表示主串，substr[]表示要查找的子串，返回值是子串在主串中的位置；如果返回−1，表示没有找到。

另外，还需要判断文件是否存在的函数，函数原形为：

```
bool fileExists(const char file[]);
```

file[]是文件名称，1 表示存在，0 表示不存在。

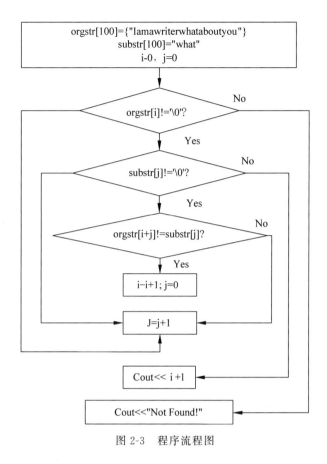

图 2-3 程序流程图

3. 编写程序

```
1    //从文本文件读取数据
2    # include < io. h >
3    # include < stdio. h >
4    # include < stdlib. h >
5    # include < iostream >
6    # include < fstream >
7    using namespace std;
8    bool fileExists(const char file[]);
9    int FindThePositionOf(const char orgstr[], const char substr[]);
10   int main()
11   {
12       char companyyfile[20];
13       bool bfile = 0;
14       cout << "请输入您的公司年报文本文件,比如 600688.txt:" << endl;
15       cin >> companyyfile;
16       while (fileExists(companyyfile) == 0)
17       {
18           cout << "文件不存在, ";
```

```
19          cout << "请重新输入您的公司年报文本文件,比如 600688.txt:" << endl;
20          cin >> companyyfile;
21      };
22      //要查找的字符串(子字符串)
23      char subS[100];              //子字符串
24      for (int j = 1; j < 100; j++)
25      {
26          subS[j] = '\0';
27      }
28      cout << "请输入要查找的信息(字符串):" << endl;
29      cin >> subS;
30      long int iRow = 0;
31      char orgstr[10000];                //主字符串,从文本文件读取,每行读一次
32      ifstream infile(companyyfile, ios::in); //定义输入文件流对象,以输入方式打开磁盘文件 f1.dat
33      int iCol = 0;
34      while (infile)
35      {
36          iRow = iRow + 1;
37          infile.getline(orgstr, 10000);    //从磁盘文件读入 10000 个字符,顺序存放在主字符串
38      //orgstr 中
39          iCol = FindThePositionOf(orgstr, subS);   //返回子串在主串的位置,-1 表示没有找到
40          if (iCol > 0)
41          {
42              cout << companyyfile << "中,含有" << subS << "字符串,该字符串在文件的第"
43  << iRow << "行," << "第" << iCol << "列." << endl;
44              break;
45          }
46      }
47      infile.close();
48      return 0;
49  }
50  //检查文件是否存在
51  bool fileExists(const char file[])
52  {
53      /* Check for existence */
54      if ((_access(file, 0)) != -1)
55      {
56          cout << "File " << file << " exists " << endl;
57          return 1;
58      }
59      else
60          return 0;
61  }
62  //返回子串在主串的位置,-1 表示没有找到
63  int FindThePositionOf(const char orgstr[], const char substr[])
64  {
65
66      int i, j;
67
```

```
68      for (i = 0; orgstr[i] != '\0'; i++)//'\0'为空字符,字符数组不赋值为空字符
69      {
70          for (j = 0; substr[j] != '\0'; j++)
71          {
72              if (orgstr[i + j] != substr[j])
73                  break;                      //跳出 for 循环
74          }
75          if (substr[j] == '\0') break;  //找到字符串"1993"
76      }
77      if (orgstr[i] == '\0')
78      {
79          return -1;
80      }
81      else
82      {
83          return i + 1;                       //找到单词,在 i 位置
84      }
85  }
```

4. 运行结果

请输入您的公司年报文本文件,比如 600688.txt:
600688.txt
File 600688.txt exists
请输入要查找的信息(字符串):
Date
600688.txt 中,含有 Date 字符串,该字符串在文件的第 8 行,第 5 列.

实验 二

医药公司药品价格数据管理系统

1. 问题描述与功能分析

某跨国医疗公司系列药品进入中国市场，为了取得最大销售收入和收益，采用了差异定价法（也称为价格歧视策略），不同的地区给予不同的市场价格，为此需要编写一个管理系统，使之能完成以下功能。

（1）药品价格信息录入功能。

（2）药品价格信息查询功能。

（3）药品价格信息删除功能。

（4）药品价格信息修改功能。

药品信息如表 3-1 所示。

表 3-1 药品信息表

名　称	标 识 符	类 型	备 注
编号	NO	int	唯一性
药品名称	Name	char 型数组	不唯一
西北地区价格	northwestchina;	Float	非空
东北地区价格	northchina	Float	非空
华东地区价格	eastchina	Float	非空
华南地区价格	southchina	Float	非空

通过本药品价格管理系统，可以完成录入药品信息、查找药品信息、修改药品信息、删除药品信息等。系统整体框架如图 3-1 所示。

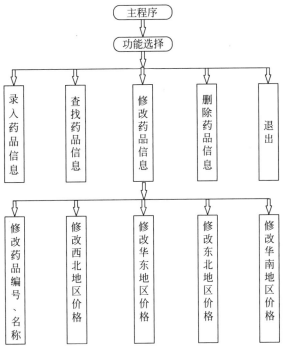

图 3-1 医药价格管理功能结构图

2. 模块设计

1）录入药品信息

提示用户输入药品编号、名称、西北地区价格、华东地区价格、东北地区价格、华南地区价格；用户输入相应的价格进入系统，每输入一条药品价格信息，提示用户是否继续输入，如果继续输入则输入下一个药品的价格，否则回到主菜单。

2）查找药品信息

提示用户输入要查找的药品编号，系统显示相应的编号、药品名称、东北地区价格、西北地区价格、华东地区价格、华南地区价格等信息。

3）修改药品信息

提示用户输入要修改的药品编号，然后让用户选择要修改的药品名称、东北地区价格、西北地区价格、华东地区价格或华南地区价格，用户选择后直接输入新数据完成修改。

4）删除药品信息

系统提示用户输入要删除的药品编号，系统将该编号下的药品信息直接删除。

3. 编写程序

```
1    # include < iostream >
2    # include < cstring >
3    using namespace std;
4    struct Drugsdent
```

```
5    {
6        int no;
7        char name[30];
8        float northwestchina, northchina, eastchina, southchina;
9    };
10   Drugsdent Drugs[100] = { 0, "0", 0, 0, 0, 0 };
11   void setup();
12   int lookfor(int m);
13   void edit();
14   void Delete();
15   int main()
16   {
17   loop:
18       cout << "********************************************\n";
19       cout << "                  请选择服务                \n";
20       cout << "            1 - 录入药品信息                \n";
21       cout << "            2 - 查找药品信息                \n";
22       cout << "            3 - 修改药品信息                \n";
23       cout << "            4 - 删除药品信息                \n";
24       cout << "            0 - 退出                       \n";
25       cout << "********************************************\n";
26       int menu, num, tem;
27       cin >> menu;
28       system("cls");
29       switch (menu)
30       {
31       case 1:
32       {
33               setup();
34               system("cls");
35               goto loop;
36               break;
37       }
38       case 2:
39       {
40               cout << "请输入您想查询的药品编号:";
41               cin >> num;
42               tem = lookfor(num);
43               if (tem != -1)
44               {
45                   cout << "编号  药品名称  西北地区价格  东北地区价格  华东地
46   区价格  华南地区价格\n";
47                   cout << Drugs[tem].no << "  " << Drugs[tem].name << "   " <<
48   Drugs[tem].northchina << " "\
49                        << Drugs[tem].northwestchina << " " << Drugs[tem].eastchina << "
50   " << Drugs[tem].southchina << endl;
51               }
52               else
53                   cout << "对不起,该编号不存在!\n";
54               system("pause");
```

```
55              system("cls");
56              goto loop;
57              break;
58          }
59      case 3:
60          {
61              edit();
62              system("cls");
63              goto loop;
64              break;
65          }
66      case 4:
67          {
68              Delete();
69              system("cls");
70              goto loop;
71              break;
72          }
73      case 5:
74          {
75              cout << "谢谢使用!\n";
76              break;
77          }
78      default:
79          {
80              cout << "错误的请求!\n";
81              system("cls");
82              goto loop;
83              break;
84          }
85      }
86      return 0;
87  }
88  void setup()
89  {
90      char str;
91      for (int i = 0; i < 100; i++)
92      {
93          cout << "请输入药品编号、药品名称、西北地区价格、东北地区价格、华东地区价
94  格、华南地区价格:\n";
95          cin >> Drugs[i].no >> Drugs[i].name >> Drugs[i].northchina >> Drugs[i].northwestchina\
96              >> Drugs[i].eastchina >> Drugs[i].southchina;
97          cout << "继续(y/n)\n";
98          cin >> str;
99          if (str == 'n')
100             break;
101     }
102 }
103 int lookfor(int m)
104 {
```

```
105      for (int i = 0; i < 100; i++)
106      {
107          if (m == Drugs[i].no)
108              return i;
109      }
110      return - 1;
111  }
112  void edit()
113  {
114      char ch[30];
115      float s1, s2, s3, s4;
116      int t, m, temp;
117      cout << "请选择编号:" << endl;
118      cin >> m;
119      temp = lookfor(m);
120      if (m != - 1)
121      {
122          cout << " ******************************** \n";
123          cout << "              请选择:                  \n";
124          cout << "         1 - 修改药品名称              \n";
125          cout << "         2 - 修改西北地区价格          \n";
126          cout << "         3 - 修改东北地区价格          \n";
127          cout << "         4 - 修改华东地区价格          \n";
128          cout << "         5 - 修改华南地区价格          \n";
129          cout << " ****************************** \n";
130          cin >> t;
131          switch (t)
132          {
133          case 1:
134              cout << "请输入药品的名字\n";
135              cin >> ch;
136              strcpy(Drugs[temp].name, ch);
137              break;
138          case 2:
139              cout << "请输入药品新的西北地区价格\n";
140              cin >> s1;
141              Drugs[temp].northchina = s1;
142              break;
143          case 3:
144              cout << "请输入药品新的东北地区价格\n";
145              cin >> s2;
146              Drugs[temp].northwestchina = s2;
147              break;
148          case 4:
149              cout << "请输入药品新的华东地区价格\n";
150              cin >> s3;
151              Drugs[temp].eastchina = s3;
152              break;
153          case 5:
154              cout << "请输入药品新的华南地区价格\n";
```

```
155                cin >> s4;
156                Drugs[temp].southchina = s4;
157                break;
158            }
159        }
160        else
161            cout << "此编号不存在!\n";
162    }
163    void Delete()
164    {
165        int temp, m;
166        cout << "请选择编号:" << endl;
167        cin >> m;
168        temp = lookfor(m);
169        if (m != -1)
170        {
171            Drugs[temp].no = 0;
172            Drugs[temp].name[0] = '0';
173            Drugs[temp].northchina = 0;
174            Drugs[temp].northwestchina = 0;
175            Drugs[temp].eastchina = 0;
176            Drugs[temp].southchina = 0;
177        }
178        else
179            cout << "此编号不存在!\n";
180    }
```

4. 运行结果

（1）程序运行主界面如图 3-2 所示。

图 3-2　程序运行主界面

（2）修改药品信息界面如图 3-3 所示。

图 3-3　修改药品信息界面

实验 四

银行存取款数据管理系统

1. 问题描述与功能分析

随着社会经济的发展,信息化程度的不断深入,银行的传统业务已愈来愈不能满足银行客户的需要。

现今,人们的金融意识、科技意识已经有了很大的提高,在紧张忙碌的生活中,已越来越不习惯每月奔忙于各银行营业柜台之间去排队缴纳各种各样的费用了;同时,各种经营单位如电信、移动、供电、煤气、自来水、证券等,一是为了提高服务质量、方便客户,二是为了减轻自己日趋繁重的工作量,纷纷委托银行为其开展代收代付业务;同时,随着我国加入世贸组织,我国的银行业将面临更加激烈的同业竞争,如何提供更多的金融产品和更优质的服务,如何吸引更多的客户,如何利用计算机技术加强银行账户信息管理、进行银行业务再造,提高银行的工作效率和业务竞争能力是摆在各家银行面前的一个迫切需要解决的问题。

近几年来,各商业银行加快了与社会各业的合作,利用自身的网点优势和业务特点,为其提供各种高效、快捷的代收代付业务,也就是中间代理业务,目前以与广大人民群众生活密切相关的各项缴费业务如水电费、电话费、手机费等代收业务为主,这些业务开展方式多种多样,但一般都离不开计算机的高效管理支持。

随着代理业务不断发展,业务品种越来越多,各项业务做法互有差异,这就对银行的电子化水平和相应的管理水平提出了更高的要求。如何利用电子化的手段构建一个高效统一的、通用灵活的系统来管理各种各样的业务,是每个商业银行所要研究的课题。支持决策系统,需要在数据库的基础上,进行联机分析处理,每次处理的数据量大,响应时间长。

特别是银行每天要处理大量的存取款事件,做好存取款是银行工作重要的环节,然而要有效处理必须要有良好的程序和数据管理系统来建立一个良好的软件系统来实现快速、有效、准确、安全地处理银行事务。

本章设计一个简单的银行储蓄管理系统,它可以帮助存户有效、准确并且高效地实现完成存取事件。设计目标是系统操作方便效率、安全性高,只要客户开户并设定好密码就可以轻松地实现存取款。

系统实现的主要有储蓄卡开户管理、存取款管理、用户查询历史记录、注销等功能。具体来说,本银行系统的功能性需求包括以下内容。

(1) 客户可以在银行开立一个或多个账户。

(2) 客户能够将钱款存入已经开立的账号中。

(3) 客户可从自己的账户中进行提款。

(4) 客户能够将账户中的存款转账至另一个账户。

(5) 客户可以随时查询自己账户的情况,包括以前进行的存款、取款等的交易记录。

(6) 客户也有权利要求注销账户。

通过本银行账户管理系统,模拟工作人员快捷地完成对账户管理的任务,提高账目管理效率,使银行的账目管理工作系统化、规范化和自动化。系统整体框架如图4-1所示。

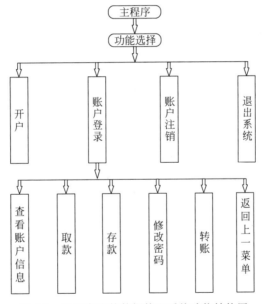

图 4-1 银行存取款数据管理系统功能结构图

2. 模块设计与分析

1) 登录页面

输入卡号和密码,根据用户输入的卡号和密码,到后台文件查询,若正确则登录成功,并保存卡号信息以备后用。

若卡号存在和密码不匹配或无该卡号,提示该卡号已存在或已注销,保持界面三次不变等待用户的重新输入。

2）主界面页面

主要导航栏有：欢迎使用储蓄卡管理（存款、取款、修改密码、转账功能、注销退出）。

3）储蓄卡开户页面

提供开户界面，由用户输入新储蓄卡的所有信息，将该信息保存到文件中，并将开户金额作为该卡的第一次存款记录存入文件。

4）存钱页面

从登录界面得到卡号，并提供数据输入界面，等待用户输入存款金额。从后台数据库中找到该用户余额记录，修改余额，并将该存款事件的相应信息写入数据库，同时将存钱的金额显示在页面上。

5）取款页面

从登录界面得到卡号，并提供数据输入界面，等待用户输入取款金额，如果取款金额大于该用户卡上的余额则不能取款，或者将新的余额写入文件，并将本次取款事件写入文件同时将取钱的金额显示在页面上。

6）注销页面

关闭文件，状态为注销，最后关闭整个系统。

下面列举取款模块进行分析。

```cpp
1    void consumer::fetchmoney()
2    {
3        float m;
4        char ch;
5        do
6        {
7            cout << endl << "输入取款金额:" << "￥>" << endl;
8            cin >> m;
9            while (m <= 0)
10           {
11               cout << "请输入正确的数字!" << endl;
12               cout << "→";
13               cin >> m;
14           }
15           if (money < m)
16           {
17               cout << "对不起,你的余额不足!" << endl;
18           }
19           else
20           {
21               money =' money - m;
22               cout << endl << "操作成功,请收好钱!"
23                   << endl;
24
25           }
26           cout << "是否要继续该项操作:(Y/N) "
27               << endl;
```

```
28          cout << "→";
29          cin >> ch;
30          while (ch != 'n'&&ch != 'N'&&ch != 'Y'&&ch != 'y')//选择错误时判定
31          {
32              cout << "→";
33              cin >> ch;
34          }
35      } while (ch == 'y' || ch == 'Y');
36  }
```

在取款页面中,输入取款金额并对取款金额与存款余额进行比较,如果取款金额小于零,提示输入正确的数字;如果取款金额大于存款金额,提示余额不足;如果取款金额小于存款余额就执行,并保存记录。

3. 类的设计与分析

(1) consumer 类的类说明见表 4-1。

class consumer 主要制定用户的成员数据,并进行登录与保存。

相关代码：

```
1   # include < iostream >
2   using namespace std;
3   class consumer :public YH//用户类,继承银行类的属性
4   {
5   public:
6       friend class YH;
7       consumer(int id, string Name, int Number, double IN, string Company, string
8           Address, string PassWord, float m)
9       {
10          ID = id; name = Name; number = Number; in = IN; company = Company;
11          address = Address; money = m; passwd = PassWord;
12      }
13
14      consumer(){
15          ID = 0; name = '0'; number = 0; in = 0; company = '0'; address = '0';
16          money = 0; passwd = '0';
17      }
18      int get_id(){ return ID; }
19      void savemoney();                   //取钱
20      string get_passwd(){ return passwd; }   //取得密码
21      void display();
22      void fetchmoney();                  //取钱
23      void change_passwd();
24      void add_money(float);              //计算余额
25      void dec_money(float);              //计算余额
26      float get_money();                  //卡卡转账
27  private:
```

```
28      int ID;                              //开户账号
29      string passwd;                       //用户密码
30      string name;                         //用户姓名
31      float money;                         //开户金额
32      int number; string company; string address; double in;
33 };
```

表 4-1   consumer 类的类说明表

名 称	属 性	说 明
ID	数据成员	用户账户数据
name	数据成员	用户姓名
money	数据成员	用户首次金额
in	数据成员	用户身份证号
address	数据成员	用户地址
number	数据成员	用户电话
passwd	数据成员	用户密码
savemoney()	成员方法	存钱
fetchmoney()	成员方法	取钱
change_passwd()	成员方法	修改密码
get_money()	成员方法	卡卡转账

(2) YH 类的类说明见表 4-2。

YH 类主要实现用户的各种功能。

相关代码：

```
1   class YH                              //银行类
2   {
3   public:
4       void set_account();              //银行开户功能
5       void del_account();              //注销账户功能
6       void transfer(int);              //转账功能
7       void enter_account();            //进入用户个人信息功能
8       void addmoney(int, float);       //存款功能
9       void exitYH();                   //退出系统
10      void functionshow();
11
12      void save();
13      void load();                     //功能界面
14  protected:
15      consumer * account[20];
16      static int acnum;                //账户数
17  };
```

表 4-2　YH 类的类说明表

名　称	属　性	说　明
acnum	数据成员	账户数
set_account()	成员方法	开户功能
del_account()	成员方法	注销账户功能
transfer()	成员方法	转账功能
functionshow()	成员方法	主界面显示功能
addmoney()	成员方法	存钱功能
exitYH()	成员方法	退出系统功能

4. 编写程序

```
1    # include < iostream >
2    # include < string >
3    # include < fstream >
4    using namespace std;
5    class consumer;
6    class YH                              //银行类
7    {
8    public:
9        void set_account();              //银行开户功能
10       void del_account();              //注销账户功能
11       void transfer(int);              //转账功能
12       void enter_account();            //进入用户个人信息功能
13       void addmoney(int, float);       //存款功能
14       void exitYH();                   //退出系统
15       void functionshow();
16
17       void save();
18       void load();                     //功能界面
19   protected:
20       consumer * account[20];
21       static int acnum;                //账户数
22   };
23   class consumer :public YH//用户类,继承银行类的属性
24   {
25   public:
26       friend class YH;
27       consumer(int id, string Name, int Number, double IN, string Company, string Address, string
28   PassWord, float m)
29       {
30           ID = id; name = Name; number = Number; in = IN; company = Company; address = Address;
31   money = m; passwd = PassWord;
32       }
33       consumer(){ ID = 0; name = '0'; number = 0; in = 0; company = '0'; address = '0'; money = 0;
34   passwd = '0'; }
```

```
35        int get_id(){ return ID; }
36        void savemoney();                        //取钱
37        string get_passwd(){ return passwd; }    //取得密码
38        void display();
39        void fetchmoney();                       //取钱
40        void change_passwd();
41        void add_money(float);                   //计算余额
42        void dec_money(float);                   //计算余额
43        float get_money();                       //卡卡转账
44   private:
45        int ID;                                  //开户账号
46        string passwd;                           //用户密码
47        string name;                             //用户姓名
48        float money;                             //开户金额
49        int number; string company; string address; double in;
50
51   };
52   void YH::save()
53   {
54        ofstream ofile("bankdat.dat", ios::out);   //以输出方式打开文件
55        ofstream outfile("bankdat.dat", ios::out);  //以输出方式打开文件 bankdat.dat 接
56   //收从内存输出的数据
57        int n = 0;
58        outfile << acnum << " ";
59        for (n = 0; n < acnum; n++)
60        {
61            outfile << account[n] -> ID << " ";      //把信息写入磁盘文件 bankdat.dat
62            outfile << account[n] -> money << " ";
63            outfile << account[n] -> name << " ";
64            outfile << account[n] -> passwd << " ";
65            outfile << account[n] -> number << " ";
66            outfile << account[n] -> company << " ";
67            outfile << account[n] -> address << " ";
68            outfile << account[n] -> in << " ";
69        }
70        outfile.close();
71   }
72   /* 读入用户信息功能实现 */
73   void YH::load()
74   {
75        ifstream infile("bankdat.dat", ios::in);    //以输入方式打开文件
76        if (!infile)
77        {
78            cerr << "读取错误,无资料中!" << endl;
79            return;
80        }
81        int n = 0;
82        int id, m;
83        string nam, passw; int number; string company; string address; double in;
```

```
84      infile >> acnum;
85      for (n = 0; n < acnum; n++)                    //全部读入
86      {
87          infile >> id;                              //从磁盘文件 bankdat.dat 读入信息
88          infile >> m;
89          infile >> nam;
90          infile >> passw;
91          infile >> company;
92          infile >> number;
93          infile >> address;
94          infile >> in;
95          account[n] -> passwd;
96          consumer * acc = new consumer(id, nam, number, in, company, address, passw, m);
97  //每读入一个 n 开辟一段内存
98          account[n] = acc;                          //赋值首地址
99      }
100     infile.close();
101     cout << "读取资料正常!" << endl;
102 }
103 / * 转账功能实现 * /
104 void YH::transfer(int x)
105 {
106     int id;
107     cout << "请输入账号:";
108     cin >> id;
109     int flag = 1;
110     int i = 0;
111     while ((i < acnum) && (flag))                  //查找要转入的账号
112     {
113         if (id == account[i] -> get_id()) flag = 0; else i++;
114     }
115     if (flag)
116     {
117         cout << "账号不存在!" << endl << endl;
118         return;
119     }
120     float b;
121     cout << endl << "请输入你要转账的金额:";
122     cin >> b;
123     while (b <= 0)
124     {
125         cout << "请输入正确的数字!" << endl;
126         cout << "→";
127         cin >> b;
128     }
129     if (account[x] -> get_money() < b)      //调用友元类 consumer 的公有成员函数
130         cout << "对不起,金额不够!!" << endl;
131     else { account[x] -> dec_money(b); account[i] -> add_money(b); }
132
```

```
133        cout << "转账成功!!" << endl;
134
135        return;
136 }
137 /*账户金额计算*/
138 void consumer::add_money(float x)
139 {
140        money = x + money;
141 }
142 void consumer::dec_money(float x)
143 {
144        money = money - x;
145 }
146 void YH::addmoney(int x, float y)
147 {
148        account[x]->money = account[x]->money - y;
149 }
150 float consumer::get_money()
151 {
152        return money;
153 }
154 void main()
155 {
156        YH yh;
157        yh.functionshow();
158 }
159 /*主界面显示*/
160 void YH::functionshow()
161 {
162        int n;
163        do
164        {
165           system("cls");
166           load();
167           cout << endl << "请输入相应的操作序号进行操作:" << endl;
168           cout << "㊣㊣㊣㊣㊣㊣㊣㊣㊣㊣㊣㊣㊣㊣㊣㊣㊣㊣㊣㊣㊣㊣㊣㊣㊣㊣㊣㊣㊣㊣" <<
169 endl;
170           cout << "㊣                                        ㊣" <<
171 endl;
172           cout << "㊣            1.开户                       ㊣" << endl;
173           cout << "㊣                                        ㊣" <<
174 endl;
175           cout << "㊣            2.账户登录                   ㊣" << endl;
176           cout << "㊣                                        ㊣" <<
177 endl;
178           cout << "㊣            3.账户注销                   ㊣" << endl;
179           cout << "㊣                                        ㊣" <<
180 endl;
181           cout << "㊣            4.退出系统                   ㊣" << endl;
```

```
182        cout << "⸮                                        ⸮" <<
183 endl;
184        cout << "⸮⸮⸮⸮⸮⸮⸮⸮⸮⸮⸮⸮⸮⸮⸮⸮⸮⸮⸮⸮⸮⸮⸮⸮⸮⸮⸮⸮⸮⸮⸮⸮" <<
185 endl;
186        cout << "→";
187        cin >> n;
188        while (n < 1 || n > 4)
189        {
190            cout << "操作错误,请输入正确的操作序号!" << endl;
191            cout << "→";
192            cin >> n;
193        }
194        switch (n)
195        {
196        case 1: set_account();                //开户
197            break;
198        case 2:enter_account();               //登录
199            break;
200        case 3: del_account();                //注销
201            break;
202        case 4: exitYH();                     //退出
203            break;
204        }
205        cin.get();                            //输入流类 istream 的成员函数
206    } while (true);
207 }
208 void YH::enter_account()
209 {
230    int id;
231    cout << "请输入账号:";
232    cin >> id;
233    int flag = 1;
234    int i = 0;                               //__page_break__
235    while ((i < acnum) && (flag))            //循环查找
236    {
237        if (id == account[i] -> get_id()) flag = 0; else i++;
238    }
239    if (flag)
240    {
241        cout << "账号不存在!" << endl;
242        return;
243    }
244    cout << "请输入密码:";
245    string passw;
246    cin >> passw;
247    if (passw != account[i] -> get_passwd()) return;     //返回到登录界面
248    account[i] -> display(); cin.get(); cin.get();
249    int n;
250    do{
```

```
251         system("cls");
252         cout << "请选择下列操作:" << endl;
253         cout << "◎☆☆☆☆☆☆☆☆☆☆☆☆☆☆☆☆☆☆☆☆☆☆◎" << endl;
254         cout << "◎◎" << endl;
255         cout << "◎              1.查看账户信息              ◎" << endl;
256         cout << "◎◎" << endl;
257         cout << "◎              2.取款                      ◎" << endl;
258         cout << "◎◎" << endl;
259         cout << "◎              3.存款                      ◎" << endl;
260         cout << "◎◎" << endl;
261         cout << "◎              4.修改密码                  ◎" << endl;
262         cout << "◎◎" << endl;
263         cout << "◎              5.转账                      ◎" << endl;
264         cout << "◎◎" << endl;
265         cout << "◎              6.返回上一菜单              ◎" << endl;
266         cout << "◎◎" << endl;
267         cout << "◎☆☆☆☆☆☆☆☆☆☆☆☆☆☆☆☆☆☆☆☆☆☆◎" << endl;
268         cout << "→";
269         cin >> n;
270         switch (n)
271         {
272         case 1: account[i]->display(); break;
273         case 2: account[i]->fetchmoney(); save(); break;      //从2-5功能,每执行
274 //一次调用一次 save 函数,重新写入数据
275         case 3:account[i]->savemoney(); save(); break;
276         case 4:account[i]->change_passwd(); save(); break;
277         case 5:transfer(i); save(); break;
278         case 6:return;
279         }cin.get(); cin.get();
280     } while (1);
281 }
282 void YH::set_account()
283 {
284     int id;
285     string nam;
286     string passw;
287     float m;
288     string company; string address; int number; double in;
289     cout << "请输入开户号:" << endl;
290     cin >> id;
291     cout << "请输入开户人姓名:" << endl;
292     cin >> nam;
293     cout << "请输入开户密码:" << endl;
294     cin >> passw;
295     cout << "请输入存入金额:" << endl;
296     cin >> m;
297     cout << "请输入开户人电话:" << endl;
298     cin >> number;
299     cout << "请输入开户人公司:" << endl;
```

```
300    cin >> company;
301    cout << "请输入开户人地址:" << endl;
302    cin >> address;
303    cout << "请输入开户人身份证号码:" << endl;
304    cin >> in;
305    while (m <= 0)
306    {
307        cout << "请输入正确的数字!" << endl;
308        cin >> m;
309    }
310    consumer * acc = new consumer(id, nam, number, in, company, address, passw, m);
311    account[acnum] = acc;
312    cout << "开户成功!!" << endl << endl;
313    acnum++;
314    save();
315    cin.get();
316    return;
317 }
318 void YH::del_account()
319 {
320    int id;
321    cout << endl << "请输入你要注销的账户号:";
322    cin >> id;
323    int flag = 1;
324    int i = 0;
325    while ((i < acnum) && (flag))        //循环查找
326    {
327        if (id == account[i] -> get_id())
328        {
329            flag = 0;
330        }
331        else
332        {
333            i++;
334        }
335    }
336    if (flag)
337    {
338        cout << "该账号不存在,请重新输入!" << endl;
339        return;                        //返回到登录界面
340    }
341    for (int j = i; j < acnum; j++)    //所有被删号后的数据重新存储
342    {
343        account[j] = account[j + 1];
344    }
345    account[acnum - 1] = NULL;
346    acnum -- ;                         //账号总数自减一次
347    cout << "你的账号已注销!!" << endl << endl;
348    save();
```

```
349     cin.get();
350     return;
351 }
352 void consumer::change_passwd()
353 {
354     string pwd, repwd;
355     cout << "请输入新密码:";
356     cin >> pwd;
357     cout << "请再输入一次新密码:";
358     cin >> repwd;
359     if (pwd != repwd)
360         cout << "你输入的两次密码不一样,按输入键返回上一层菜单!" << endl;
361     else
362         cout << "密码修改成功,请牢记!" << endl; cin.get();
363 }
364 void consumer::fetchmoney()
365 {
366     float m;
367     char ch;
368     do
369     {
340         cout << endl << "输入取款金额:" << "￥>" << endl;
341         cin >> m;
342         while (m <= 0)
343         {
344             cout << "请输入正确的数字!" << endl;
345             cout << "→";
346             cin >> m;
347         }
348         if (money < m)
349         {
350             cout << "对不起,你的余额不足!" << endl;
351         }
352         else
353         {
354             money = money - m;
355             cout << endl << "操作成功,请收好钱!"
356                 << endl;
357
358         }
359         cout << "是否要继续该项操作:(Y/N) "
360             << endl;
361         cout << "→";
362         cin >> ch;
363         while (ch != 'n'&&ch != 'N'&&ch != 'N'&&ch != 'y')   //选择错误时判定
364         {
365             cout << "→";
```

```
366              cin >> ch;
367          }
368      } while (ch == 'y' || ch == 'Y');
369  }
370  void consumer::savemoney()              //存钱函数功能实现
371  {
372      float c;
373      char ch;
374      do
375      {
376          cout << endl << "请输入要存入的金额:" << "¥>" << endl;
377          cin >> c;
378          while (c <= 0)
379          {
380              cout << "输入错误,请重新输入!" << endl;
381              cout << "→";
382              cin >> c;
383          }
384          money = money + c;
385          cout << "操作已成功!" << endl;
386          cout << "是否要继续该项操作:(Y/N) " << endl;
387          cout << "→";
388          cin >> ch;
389          while (ch != 'n'&&ch != 'N'&&ch != 'Y'&&ch != 'y')
390          {
391              cout << "→";
392              cin >> ch;
393          }
394      } while (ch == 'y' || ch == 'Y');
395  }
396  int YH::acnum = 0;
397  void consumer::display()              //用户信息界面
398  {
399      system("cls");
400      cout << "############################" << endl;
401      cout << "#" << endl;
402      cout << "#    用户姓名:" << name << endl;
403      cout << "#" << endl;
404      cout << "#    账号:    " << ID << endl;
405      cout << "#" << endl;
406      cout << "#    余额:    " << money << endl;
407      cout << "#" << endl;
408      cout << "#    按输入键回到上一菜单" << endl;
409      cout << "#" << endl;
410      cout << "############################" << endl;
411      cout << "→";
412  }
```

```
413 void YH::exitYH()  //退出系统
414 {
415     cout << endl << "感谢您对本银行的支持,欢迎下次光临!" << endl;
416     exit(0);
417 }
```

5. 运行结果

(1) 登录界面,如图 4-2 所示。

图 4-2　登录界面

(2) 开户界面,如图 4-3 所示。

图 4-3　开户界面

（3）账户管理界面，如图 4-4 所示。

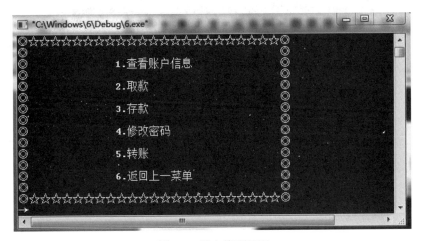

图 4-4　账户管理界面

（4）存款界面，如图 4-5 所示。

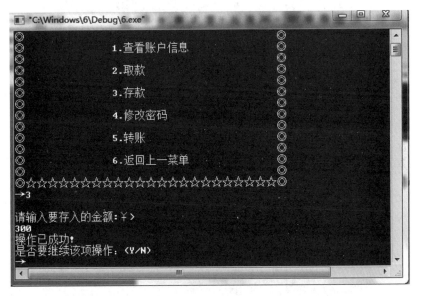

图 4-5　存款界面

（5）取款界面，如图 4-6 所示。

（6）修改密码界面，如图 4-7 所示。

（7）转账界面，如图 4-8 所示。

（8）余额查询界面，如图 4-9 所示。

（9）销户界面，如图 4-10 所示。

（10）退出界面，如图 4-11 所示。

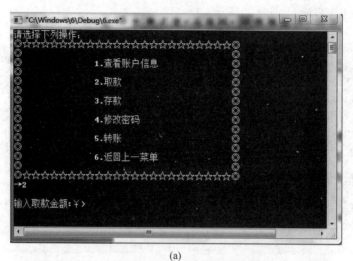

图 4-6　取款界面

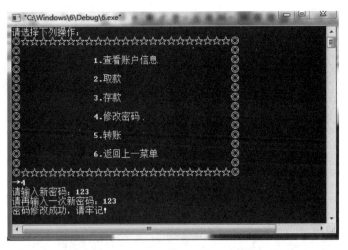

(a)

(b)

图 4-7　修改密码界面

图 4-8　转账界面

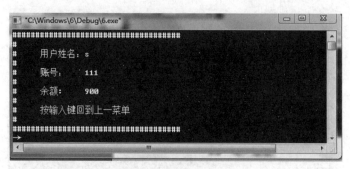

图 4-9　余额查询界面

图 4-10　销户界面

图 4-11　退出界面